우리, 예배합시다

우리, 예배합시다

예배 리듬으로 그리스도인 세우기

© 최기훈

초판 1쇄 인쇄 | 2023년 03월 06일
초판 1쇄 발행 | 2023년 03월 16일

지은이 | 최기훈
발행인 | 강영란
편집 | 박관용, 권지연
디자인 | 트리니티
마케팅 및 경영지원 | 이진호

펴낸곳 | 샘솟는기쁨
주소 | 서울시 충무로 3가 59-9 예림빌딩 402호
전화 | 대표 (02)517-2045
팩스 | (02)517-5125(주문)
이메일 | atfeel@hanmail.net
홈페이지 | https//blog.naver.com/feelwithcom
페이스북 | https//www.facebook.com/publisherjoy
출판등록 | 2006년 7월 8일

ISBN 979-11-92794-03-7(03230)

우리, 예배합시다

최기훈 지음

예배 리듬으로
그리스도인 세우기

샘솟는
기쁨

예배는 삶으로 연결되는
통전적 개념입니다

'예배'는 익숙한 단어이자 부담스러운 주제입니다. 올바른 예배는 무엇인가? 하나님이 기뻐하시는 예배는 무엇인가? 누가 진정한 예배자인가? 치열하게 고민하지만 익숙함이라는 함정을 가진 개념이 바로 예배입니다. 변화의 시대와 문화 속에서 예배의 본질을 부여잡음과 동시에 형식을 놓고 고민하는 목회 현장에서 이 책을 만난 것은 큰 기쁨입니다.

팬데믹을 지나 '온라인-비대면 예배'라는 낯선 공간을 지나오며, 리오프닝(reopening) 시대에 현장 예배와 온라인 예배를 놓고 씨름하는 지금 이 책은 방향을 잡게 하는 길잡이입니다. 예배와 예배자라는 큰 개념 이해는 물론, 실제 예배 중 우리가 행하는 예배 순서(element of worship)가 하나님과 예배자에게 어떤 의미인지를 세밀하고 자세히 알려 주고 있습니다. 예배가 주일에 일정한 형식을 가진 행위를 넘어 예배자, 공동체, 그리고 우리 삶으로 연결하는 통전적 개념을 제시함으로 실천적 도전을 안겨 줍니다.

오랫동안 동역하며 가까이서 지켜본 최기훈 목사님은 예배에 임하는 자세와 태도가 언제나 진지했으며, 그 열정 또한 넘쳤습니다. 예배 현장에서 부딪혔던 치열한 고민이 결실을 거두어 교회와 예배자에게 도움을 준다는 사실만으로도 선배 목회자로서 여간 기쁘지 않을 수 없습니다. '예배'를 놓고 사역 현장에서 고민하는 분, 익숙하지만 체계적인 개념 정리가 부족하여 아쉬움이 가득한 분에게 이 책을 추천합니다. **— 이인호, 더사랑의교회 담임목사**

오늘날 예배는 설교 듣는 시간이 되어 버렸다. 강의 듣듯이 설교를 듣고, 그마저 짧고 재밌기를 기대한다. 예배를 위해서 전날 밤부터 준비하고 예배 시작 전에 마음으로 준비하던 예배자의 모습은 전설이 되었다. 주일에 함께 드리는 공동체 예배는 영성의 꽃이다. 일주일에 두 시간도 되지 않는 예배, 영화로우신 주님께 예배드리기에 충분치 않지만, 이 시간을 통해서 우리는 예배를 제대로 배울 수 있다.

이 책은 공동체 예배를 왜, 어떻게 드려야 할지를 성경적으로 꼼꼼하게 다루었다. 목회자, 예배 인도자, 회중 모두 공동체적 예배를 통해 바른 예배를 누리기 원한다면 이 책은 소중한 자료가 될 것이다. 더 나아가서 공동체 예배의 본질을 배운 사람들은 개인의 예배와 일상의 삶 속에서의 예배 역시 하나님께서 받으실 만하게 드리게 될 것이다. 예배자인 우리는 주일 예배만 예배자가 아니라, 온 생을 드려 모든 삶의 영역에서 우리 자신을 주께 드리는 법을 배워 가는 자들이기 때문이다. 그렇다! 예배를 즐거워하지 않는 자는 아직 하나님을 제대로 받아들이고 그 사랑을 누리지 못하는 자이다. 모든 그리스도인들이 예배자로서의 정체성을 회복하고 예배를 즐거워하는 축복을 누리는 일에 이 책이 소중하게 쓰여질 것을 기대한다. **— 김형국, 목사·하나복DNA네트워크 대표**

팬데믹 이후 교회는 더욱 본질에 집중해야 한다. 교회의 본질은 예배다. 예배에 관한 책들이 많지만, 이처럼 예배에 대하여 깊이 있고 실제적인 고민과 인사이트를 담은 책이 필요한 지금, 『우리, 예배합시다』가 나오게 되어 크게 기쁘다. 저자는 현장 사역자다. 그 현장에서 피부로 느껴진 고민들을 구체적으로 나누어 공동체가 예배로 온전하게 되는 귀한 방향을 제시하고 있다. **— 홍민기, 목사·라이트하우스무브먼트 대표·브리지임팩트사역원 이사장**

'청년'과 '예배'에 대한 열정과 지식이 낳은 최기훈 목사님의 첫 책이 드디어 나왔다. 기독교의 심장인 예배의 핵심을 잘 담고 있어서, 예배의 본질과 의미, 예배자의 기본기를 다지기에 훌륭한 교과서이다. 특히 예배 인도자의 훈련 교재로 유용하고, 예배 생활의 성장을 돕는 데 최적화되었다. 다음 세대를 향한 우려의 목소리가 많은 지금 핵심 대안은 여전히 예배다. 그 누구도 그 무엇도 빼앗을 수 없는 구속받은 자의 특권인 예배가 되살아나길 기도한다. 예배의 대상이 아닌 예배의 주체로서 다음 세대가 세상 문화 속에서 하나님 나라의 문화를 꽃피우는 거룩한 예배자로 세워지기를 소망하며, 이 책을 읽으실 것을 강력하게 권한다. **— 류인현, 뉴욕 뉴프론티어교회 담임목사**

이스라엘은 예배 공동체이다. 이것이 바빌론 포로를 경험한 이스라엘의 뼈저린 자기반성이요, 자기 정체성 인식이었다. 예배는 하나님을 사랑하는 우리 마음의 최고의 표현이며 헌신이다. 자기를 사랑하는 시대에서 하나님을 사랑하는 사람으로 우리를 형성할 수 있는 곳 역시 예배이다. 저자의 예배 리듬의 내용이 흥미롭고 독자에게 큰 도전이 될 것으로 생각한다. 예배는 하나님을 영화롭게 하는 것과 동시에 회중을 하나님의 백성으로 형성하는 훈련의 리듬이다. 예배를 더 알고 배우기를 원하는 그리스도인들과 교회들에게 이 책이 좋은 예배 교재가 되리라 확신하며 일독을 권한다. **— 이은우, 장로회신학대학교 구약학 교수**

청년 시절 선교단체에서 만난 최기훈 목사님은 예배에 대한 절실함과 진실함, 특히 청년들이 예배를 통해 어떻게 변화되어야 하는지에 대해 고민이 많았다. 예배학을 전공으로 공부한 이후 예배에 대해 그 절실함이 체계화되고 구체화되면서 밤새도록 이야기했던 기억이 있다. 예배가 예배 되게 하려는 데는 예배 찬양팀이 바로 서야 한다고 하셨는데, 이 소중한 책이 오늘에야 나온 것이 안타까우면서도 기쁘고 반갑다. 예배학교와 훈련을 지속해야 할 교회 예배팀들이 꼭 읽기를 바란다. 이 한 권에는 예배 찬양팀이 점검할 거의 모든 것을 다루고 있다. — **백낙웅, 선교사·예배사역자연합 리더**

우리 안에 예배의 정의가 다양해지게 하는 책이다. 알고 있는 듯하지만 선뜻 표현되지 못했던 예배 순서의 의미들이 깨달아지고 깊어지고 풍성해지고 명확해질 것이다. 예전(liturgy)을 시대에 반영한 아름다운 공동체를 세우기 위해 고민하는 이들에게 추천한다. 리드미컬(rhythmical) 예배자들이여, 꼭 읽으시길! — **권용현, 올리브교회 찬양사·서울장신대학교 예배찬양사역대학원 외래교수**

예배의 본질이 후퇴되고 있다는 것은, 하나님보다 우위에 두는 경우가 많다는 얘기이다. 이 책은 하나님을 가장 우선순위로 두고 예배드려야 하는 분명한 방향을 제시한다. 예배와 예배자에 대한 새롭고 다양한 시각을 제공하고, 예배자로서의 정체성이 매일 새로워지리라고 기대하게 된다. 하나님을 만나는 시간을 설레게 하고 있다. 이 책을 통해 하나님과 만나는 기쁨을 매 순간 느끼기를 바란다. — **김에스라, OMF 간사·음악학 박사**

온전한 예배자가 되는 길잡이

우리는 예배자이다. 예배자는 하나님과 동행하는 존재이다. 삶은 결코 녹록지 않지만, 하나님과 동행할 때 인생과 세상을 보는 우리의 눈이 달라진다. 시편 23편의 고백처럼 거칠고 메마른 광야에서도 푸른 초장을 거닐고 있다고 고백하게 된다. 우리에게 예배는 이런 일이 일어나게 하고, 하나님 임재 앞에서 변화를 경험하게 한다.

내 삶의 인식과 기억이 닿는 어린 시절의 추억을 돌아보면, 나는 예배드리던 기억이 가장 많다. 주일학교, 여름 성경학교, 찬양대 등이었고, 그곳에서 안정감을 누렸다. 찬양하는 시간이 좋았고, 때로는 어려웠지만 성경 말씀을 통해 하나님 나라를 구경할 수 있었으며, 함께 하는 친구와 선생님들이 있어서 행복했다.

우리의 예배가 그렇다. 하나님을 경배하고, 말씀을 통해 하나님 나라를 상상하며, 우리의 삶에서 그 나라가 임하기를 구하고, 그곳에 함께하는 동역자들이 있다. 우리가 살아가는 삶의 일상이 녹록지 않지만, 하나님 백성으로의 삶을 소망하고 도움을 구하는 예배가 있다. 우리는 그 예배를 드리는 예배자이다.

나는 지나온 사역과 학업 중에서 가는 곳마다 여러 예배하는 사람들을 만났고, 그 예배자들의 믿음과 예배자다워짐을 돕는 사역을 해왔다. 청년 사역자 모임에서 예배하는 젊은 목회자들을, 교회에서 예배하는 청년들과 성도들을 만났고, 예배하는 사람이 없을 것 같은 뉴욕 맨해튼에서도 멋진 청년들과 함께 예배했다. 지금은 의대와 간호대 캠퍼스에서 예배하는 학생들과 의료인들을 만나고 있다. 지금도 예배자들과 함께하며, 그들의 예배자다워짐을 도우며 기뻐하고 즐거워한다. 그 즐거움은 여전히 진행 중이다.

그렇다고 항상 예배가 좋고, 예배 사역이 즐거운 것만은 아니다. 오늘 우리가 살아가는 시대는 좋은 예배자 되기에는 유혹과 장애가 많다. 모두가 바쁘고, 모든 것이 자아로 환원되는 세상이다. 자본주의 경제체제에서 우리의 내면은 소비주의가 중심을 차지하고, 삶의 가치를 소비 행위에서 찾는 것이 당연해졌다.

그러한 행복을 찾느라 너무 바쁘다. 지금 우리 마음에는 하나님 나라를 상상할 공간이 없다. 우리의 마음에는 하나님을 사랑하고, 하나님 나라를 품고 살아가는 것 외에 다양한 목표와 다양한 사랑의 대상이 존재한다. 제임스 스미스(James K. A. Smith)는 '우리의 궁극적인 사랑은 우리가 예배하는 대상'이라고 말한 바 있다.[1] 사람은 사랑하는 것을 예배하는 존재라는 말이다.

누구든지 그가 사랑하는 것을 보면 그의 정체성을 알 수 있다. 그렇다면 과연 우리는 하나님을 사랑하고 온전히 예배하는가? 하나님을 예배하는 예배자인 우리 마음에 다른 예배 대상이 들어와 주인 행세를 하고 있지 않은가? 급기야 팬데믹 삼여 년이 지나면서 우리의 예배가 더 흐트러진 듯하다. 다시 마음을 정하고 하나님을 사랑하는 예배자로 돌아갈 때이다. 이런 고민을 틈틈이 쓴 이 책이 우리 시대의 예배자들에게 도움이 되기를 바란다.

나 역시 한 사람의 부족한 예배자이다. 그러나 시대 변화 속에서 예배 본질을 잃어버리지 않기 위해 공부하며 고민해 왔다. 예배에 관한 생각들을 공들여 정리했다. 온전한 예배자로 서기 원하는 이들에게, 예배를 더 깊이 알아가고 싶은 예배자들에게 이 책이 가이드가 되어 줄 것이다.

이 책의 큰 그림은 예배 양육이다. 찬양팀, 찬양 인도자, 예배 섬김이들, 예배 사회자, 대표기도자, 목회자, 회중인 예배자 모두를 위한 예배 양육의 기초 신학이다. 나는 목회자로, 예배 인도자로, 예배팀 양육

---

1) 제임스 스미스, 하나님 나라를 욕망하라, IVP, 2016, p73.

자로 사역해 오면서 함께 예배를 섬기는 사람들이 먼저 예배자가 되도록 도와야 한다는 부담이 늘 있다. 예배를 잘 섬기는 것은 물론, 온전한 믿음으로 성장하는 예배자가 되도록 말이다. 이런 고민 속에서 이 책은 크게 예배, 양육, 교회의 틀 속에서 구성하였다.

첫 번째 파트는 예배의 다양한 측면을 정리했다. 예배가 무엇인지, 특히 신약시대 이후 예배에서 예수 그리스도의 중요성을 다루었다.

두 번째 파트는 예배 순서이다. 모든 교회의 예배를 아우를 수 있는 통일된 형식은 없다. 그러나 예배 안에 들어가야 하는 흐름과 순서의 맥락은 비슷하다. 그 순서들을 하나씩 살펴보면서 매 예배에서 반복되는 리듬 속에서 예배자가 어떤 훈련을 받을 수 있는지 살펴보았다.

세 번째 파트는 교회론의 관점에서 예배에 접근했다. 예배는 교회와 밀접한 관계를 맺고 있다. 교회와 공동체 없이는 예배를 설명할 수 없기 때문이다. 그래서 이 파트에서는 교회의 의미를 정의하고, 교회의 특징과 속성, 그리고 교회사를 예배와의 관계 안에서 살펴보았다.

네 번째 파트는 오늘날 우리의 예배를 고민해 보았다. 예배에서 무엇을 구할지, 예배 이후의 삶과 공동체성은 무엇인지, 청년 세대의 예배와 온라인 예배 등 몇몇 이슈를 다루었다.

다섯 번째 파트는 예배와 훈련이다. 목회자, 찬양 인도자, 찬양팀, 회중의 예배 교육과 관련하여 논의하고 적용하면 좋을 주제들을 나누고자 했다.

이 책의 목적은 예배 섬김이들과 모든 회중이 예배를 전반적으로 이해할 수 있도록 돕는 것이다. 신학 용어나 각주를 줄이고, 인용 부분의 출처를 밝히는 정도를 유지해서 글의 흐름을 잃지 않으려고 노력했다. 예배의 의미와 기본을 교육하면서도, 오늘날 한국의 예배자들에게 다양한 주제를 제안하고자 했다.

이 책이 나오기까지 도와주신 분들에게 감사드린다. 첫 집필임에도 출판해 주신 도서출판 샘솟는기쁨의 강영란 대표님과 이진호 이사님에게 감사드린다. 책의 출판을 위한 조언과 도움을 주신 양승훈 목사님, 책의 원고를 정성껏 읽고 조언을 아끼지 않은 이풍관 목사님, 서툰 글을 꼼꼼히 읽으며 편집해 주신 박관용 목사님에게 감사드린다. 그리고 추천사를 흔쾌히 써 주시고 격려해 주신 이인호 목사님, 김형국 목사님, 이은우 교수님, 홍민기 목사님, 류인현 목사님, 백낙웅 선교사님, 권용현 교수님, 김에스라 박사님에게 심심한 감사를 드린다. 무엇보다 아내와 두 딸 하연이, 서연이에게 사랑을 담아 감사의 마음을 전한다.

2023년 1월
우장산 기슭 아래 자택에서 최기훈

Part 1

예배, 잘 알고 있나?

나는 예배자인가? 답하기에 앞서 예배란 무엇인지 정의해야 한다. 이는 이 책의 핵심 주제이기에 가능한 여러 각도에서 살펴보고자 한다. 예배는 워십(worship: 영광을 돌려드림), 서비스(service: 섬김), 게더링(gathering: 모임), 고테스디엔스트(gottesdienst: 섬김), 채플(chapel: 학교 예배) 등 다양한 단어로 표현되며, 그 의미도 다양하다. 이번 파트에는 예배의 단어 정의, 성경적 정의, 신학적 정의, 공동체적 의미 등을 중점적으로 다루고자 한다. 이를 통해 우리가 어떤 예배자여야 하는지 가늠해 보자.

1 대상:
나보다 더 우선되는 것

예배란 무엇일까? 우리 그리스도인들은 이 질문에 대부분 하나님을 영화롭게 하는 것이라고 답할 것이다. 맞는 말이다. 예배를 뜻하는 영어 단어 worship은 worth(가치)-ship(마음, 상태)에서 유래되었다. 그러므로 예배는 하나님께 모든 가치와 애정을 드리는 것이다. 예배는 하나님을 영화롭게 하고 영원토록 이를 즐거워하는 성도들의 모임이고, 시간이고, 태도이다.

거룩하시다

"웃시야 왕이 죽던 해에 내가 본즉 주께서 높이 들린 보좌에 앉으셨는데 그의 옷자락은 성전에 가득하였고 스랍들이 모시고 섰는데 각기 여

섯 날개가 있어 그 둘로는 자기의 얼굴을 가리었고 그 둘로는 자기의
발을 가리었고 그 둘로는 날며 서로 불러 이르되 거룩하다 거룩하다
거룩하다 만군의 여호와여 그의 영광이 온 땅에 충만하도다 하더라 이
같이 화답하는 자의 소리로 말미암아 문지방의 터가 요동하며 성전에
연기가 충만한지라"(사 6:1~4)

이사야는 자신이 경험한 하나님의 임재를 기록했다. 하나님을 보
좌하는 스랍들이 "거룩하다 거룩하다 거룩하다"라고 외치며 하나님을
경배할 때 하나님의 영광이 충만했다고 기록하고 있다. 이 '거룩하다'
는 무슨 의미일까? 단순히 '죄가 없다'는 의미만은 아니다. 하나님의 거
룩함은 인간과 세상과는 대조되는 하나님의 신적 본질을 의미하는데,
이는 인간이 접근할 수 없는 존재임을 드러내는 하나님의 본성이다.

거룩에 해당하는 히브리어 '카도시'는 '구별된, 유일한, 뚜렷한'의 뜻
을 가진다. '하나님의 거룩함'이라는 표현은 하나님이 사람, 천사, 악한
영, 또는 세상의 어떤 존재와도 절대적으로 다르게 구별된 분이심을
의미한다. 이 '하나님의 거룩함'이라는 표현 안에 내포되어 있는 의미
는 다음 세 가지로 정리해 볼 수 있다.

첫째, 하나님의 전능하심이다.[2] 세상의 창조, 구원, 심판에는 하나
님의 전능하심이 드러난다. 세상 어디에도 어떤 우주 공간에도 하나님
과 같이 전능하신 분은 없다. 하나님은 연약하지 않고, 어떤 존재에게

도 의존하지 않는 분이시다.

둘째, 하나님의 전지하심이다.[3] 하나님은 이 세상의 모든 일을 알고 계시며 시간을 주관하신다. 하나님이 모르시는 감추어진 영역이나 시간대는 이 세상에 존재하지 않는다.

셋째, 하나님의 편재하심이다.[4] 하나님이 모든 공간 속에서 함께하신다(무소부재)는 말이다. 영이신 하나님이 다양한 육체로 모든 공간에 계신다는 말이 아니라, 온 우주 공간의 영역 안에서 우리와 함께 계신다는 신비를 설명하는 말이다. 하나님은 영원한 분이시고, 의로운 분이시다.[5]

그러므로 '거룩하신 하나님'을 찬양하는 것은 세상 어디에도 하나님과 같은 분이 없으시고, 세상의 어떤 신도 하나님과 같을 수 없음을 분명히 고백하는 것이다. 예배는 거룩하신 하나님 앞에 나아가서 그분을 높이는 것이다. 거룩한 하나님의 존재를 제대로 이해하지 않고서는 진정한 예배를 드릴 수가 없다.

♦

2) omnipotent, all-powerful: "하나님은 무한한 능력을 가지고 계시다." 창 18:14, 시 33:9, 시 115:3, 마 19:26
3) omniscient, all-knowing: "하나님은 모든 것을 아신다." 시 139:1~6, 시 147:4~5, 마 10:29~30, 롬 11:33
4) omnipresent, everywhere: "하나님은 모든 곳에 계시며, 모든 장소의 모든 것에 영향력을 가지고 계신다." 왕상 8:27~29, 시 139:7~12, 렘 23:23~24, 행 17:27~28
5) Allen P. Ross, Recalling the Hope of Glory, Kregel Publications, 2006, p41-46. 하나님의 영원하심: 시 90:1~2, 사 43:10~13, 요 1:1~2, 계 1:8, 17~19, 하나님의 의로우심: 창 18:25, 시 7:9~12, 시 145:17

하나님의 영광

이사야는 '하나님의 영광이 온 땅에 충만했다'라고 기록했다. 우리는 '하나님의 영광이 충만하다' 또는 '하나님께 영광을 올려드린다'라는 표현을 사용하면서 정작 그 의미를 모르는 경우가 많다.

구약성경에서 자주 등장하는 하나님의 영광은 하나님의 임재를 알리는 인상적인 표현이다. 앞에서 다룬 하나님의 거룩하심이 하나님의 본질적인 속성에 관한 것이라면, 하나님의 영광은 창조와 역사에서 하나님 존재의 중요성과 권위를 선포하는 것이다. 그래서 성경에서 하나님과 관련하여 '영광'이라는 단어를 사용할 때는 전반적으로 하나님이 온 우주와 세상에서 가장 중요하고 탁월한 분이심을 나타낸다.[6]

애굽에서 나와 시내 광야에서 머물고 있는 이스라엘 백성에게 하나님이 약속한 땅으로 가라고 말씀하셨을 때 모세는 주님께 영광을 구했다. "모세가 이르되 원하건대 주의 영광을 내게 보이소서"(출 33:18) 이때 하나님은 그와 함께할 것이며, 보호할 것이고, 지켜줄 것을 약속하셨다. 하나님이 모세와 백성들에게 자신이 얼마나 중요한 분이신지를 보여 주겠다고 약속하신 것이다.

"이는 하나님의 영광의 광채시요 그 본체의 형상이시라 그의 능력의

♦
6) 위의 책, p46-49.

말씀으로 만물을 붙드시며 죄를 정결하게 하는 일을 하시고 높은 곳에
계신 지극히 크신 이의 우편에 앉으셨느니라"(히 1:3)
"말씀이 육신이 되어 우리 가운데 거하시매 우리가 그의 영광을 보니
아버지의 독생자의 영광이요 은혜와 진리가 충만하더라"(요 1:14)

신약성경에서 하나님의 영광은 예수님을 통해 나타나고 있다. 하
나님을 영화롭게 한다는 것은 하나님만이 세상을 창조하고 다스리는
유일한 분이시며, 하나님이 모든 신과 그 어떠한 존재보다 높고 뛰어
난 분이심을 고백하는 것이다. 우리의 인생에서도 하나님이 가장 중요
한 분이심을 인정하고 고백하는 것이다. 특별히 독생자 예수 그리스도
를 통하여 우리에게 생명과 소명 주신 것을 기억하고, 예수 그리스도
를 통한 이 은혜가 하나님께로부터 왔음을 믿고 고백함으로써 우리는
우리의 인생에서 하나님이 얼마나 중요한 분이신지를 인정하고 그분
을 높여야 한다.

예배의 대상

거룩하신 하나님께 영광을 올려드리는 예배에서 또 하나 중요한
것은 그 예배의 대상이 바로 하나님이시라는 사실이다. 거룩하신 하나
님에 대한 고백은 하나님이 누구신가에 대한 믿음의 고백과 찬송이다.
'하나님의 영광이 가득하다'라는 말은 하나님이 절대적으로 찬양받으

실 분이라는 고백과 경배로 가득했다는 뜻이다.

예배의 대상은 절대적으로 하나님이시다. 예배에서 사람들의 감동, 은혜, 사랑, 격려, 채움이 하나님보다 우선될 수 없다. 만약 이 우선순위가 뒤바뀌거나 거룩하신 하나님의 영광이 전혀 고려되지 않는다면 그 예배는 우리 자신을 만족시키는 예배로 전락해 버릴 것이다.

2 만남:
하나님 앞에 어떻게 나아갈 것인가?

예배는 단순히 기독교인이 교회에서 모이는 공식 모임이나 종교의 식이 아니다. 또한 예배는 참석하는 것도, 보는 것도 아니다. 예배는 하나님과의 만남이다. 우리는 예배를 통하여 다른 누가 아닌 하나님을 만나게 된다.

영이시니

"아버지께 참되게 예배하는 자들은 영과 진리로 예배할 때가 오나니 곧 이때라 아버지께서는 자기에게 이렇게 예배하는 자들을 찾으시느니라 하나님은 영이시니 예배하는 자가 영과 진리로 예배할지니라"(요 4:23~24)

사마리아 수가에 살던 한 여인은 우물가에서 예수님을 만났을 때 어디에서 예배드리는 것이 옳은지를 물어본다. 그 당시 유대인들은 제한된 장소와 형식으로만 예배할 수 있다고 강조했는데 사마리아인들은 유대인들이 말하는 그 조건들 속에서 예배하는 것이 불가능했다. 예수님은 이 여인의 질문에 예배를 어떤 특정한 장소와 방법으로 해야 한다고 답하지 않으셨다. 오히려 예수님은 예배의 대상이신 하나님을 기억하고, 그분께 어떻게 예배드려야 하는지를 가르쳐 주셨다.

예수님의 대답 중에서 먼저 기억해야 할 것은 예배가 영이신 하나님을 대상으로 한다는 것이다. 하나님이 영이시라는 것은 육체를 지닌 사람이 가지는 장소적인 한계가 없다는 것이다.

"여호와께서 이와 같이 말씀하시되 하늘은 나의 보좌요 땅은 나의 발판이니 너희가 나를 위하여 무슨 집을 지으랴 내가 안식할 처소가 어디랴"(사 66:1)

"그러나 지극히 높으신 이는 손으로 지은 곳에 계시지 아니하시나니 선지자가 말한 바 주께서 이르시되 하늘은 나의 보좌요 땅은 나의 발등상이니 너희가 나를 위하여 무슨 집을 짓겠으며 나의 안식할 처소가 어디냐"(행 7:48~49)

자신이 속한 교회의 예배와 공동체를 강조하다 보면 어느 순간 하나님보다 우리 교회, 우리 공동체, 우리 신앙이 우선되어 버리고 만다. 또 자신들이 드리는 예배에 대한 자부심에 빠져 있다 보면, 하나님은 자신들의 예배를 더 기뻐하신다는 이상한 오류에 빠질 수 있다. 자기들이 드리는 예배, 교회와 공동체를 하나님께서 더 기뻐하신다는 생각은 교만이다.

이런 생각은 하나님보다 자기 자신에게 시선을 두는 자기중심적 예배나 신앙에 빠지게 할 위험이 있다. 예배는 영이신 하나님을 위한 시간이다. 나보다 하나님께 초점을 두는 예배가 되어야 한다.

예배한다는 것은

또한 영이신 하나님을 예배한다는 것은 하나님 앞에 나아감을 의미한다. 신약성경에서 예배를 뜻하는 헬라어 중 '프로스퀴네오'라는 단어가 가장 많이 사용된다. 이 말은 '(~에게) 존경을 표하다'라는 뜻인데, 구체적으로 '(~ 앞에) 나아가 무릎을 꿇다', '(~에게 절하며) 경의를 표하다'라는 의미를 가지고 있다. 여기서 중요한 것은 예배를 '누군가에게 나아가 그를 높이고 존경을 표하는 것'이라고 정의할 때 예배에 대상이 있다는 것이다. 무념무상으로 종교의식에 나를 맡기거나 외적으로 거룩한 모습을 유지하는 것이 아니라 영이신 하나님을 인지하고 그 앞에 나아가 그분을 높이고 경배하는 것이다. 그러므로 예배는 하나님과의 만남으로 시작된다. 하나님을 만나서 그분께 존경을 표하고 높이는 것이다. 이때 하나님은 눈에 보이는 분이 아니시기에 예배자에게 필요한 것은 믿음이다.

> "믿음이 없이는 하나님을 기쁘시게 하지 못하나니 하나님께 나아가는 자는 반드시 그가 계신 것과 또한 그가 자기를 찾는 자들에게 상 주시는 이심을 믿어야 할지니라"(히 11:6)

일반적으로 공예배는 예배로의 부름이라는 순서로 시작된다. 이때 우리의 예배가 영이신 하나님 앞에서 이루어짐을 믿음으로써 예배를 시작하는 것이다. 찬송을 부를 때 우리는 영이신 하나님께서 그 찬송을 들으시고 받으신다는 믿음을 가지고 부른다. 그러므로 찬송을 그냥 노래 부르듯 생각 없이 부를 수 없다.

설교를 들을 때는 예배를 주관하시고 이끄시는 성령님께서 그 설교를 통해서 하나님의 뜻을 알려 주신다. 설교를 통해서 믿음의 삶을 결단할 때 우리는 전능하신 하나님의 능력과 성령님의 도우심을 구한다. 목회자는 마지막 축도를 통해서 각 예배자가 예배 안에서 헌신한 대로 살아가도록 성부 성자 성령 삼위일체 하나님의 이름으로 축복한다.

이와 같이 예배는 사람들이 모여서, 사람들에 의해서 진행되는 시간이지만, 동시에 하나님 앞에서 이루어지는 시간임을 잊어서는 안 된다. 예배 중에 영이신 하나님 앞에서 드려지지 않는 순서는 단 하나도 없다.

영과 진리로

예수님은 예배의 중요한 전제를 말씀하셨다. 바로 '영과 진리'로 예배드리는 것이다. 이전에 사용했던 개역한글 성경에서는 이 부분이 '신령과 진정'으로 번역되어 있어서 예배자의 태도를 강조하는 것으로 비춰지기도 했다. 물론 예배자의 태도도 중요하지만 이 성경 구절의 정확한 번역은 현재 사용하고 있는 개역개정 성경의 '영과 진리'가 더 정확하다.

먼저 영은 성령님을 의미한다. 대체로 신약성경에서 '(그) 영'은 성령님을 지칭한다. 예수님은 자신의 승천 이후에 오실 성령님에 관하여 미리 설명해 주셨다. 특별히 성령님은 우리로 하여금 영이신 하나님을 예배하도록 인도하신다.

또한 진리는 예수님을 뜻한다. 예수님은 자신이 길과 진리이시며 하나님께 나아갈 수 있는 유일한 길이라고 말씀하셨다(요 14:6). 죄인이었던 우리가 영이시고 거룩하신 하나님을 만나는 것은 불가능했다. 죄 때문에 하나님과 단절되었기 때문이다. 그렇게 자격 없던 우리가 화목제물 되신 예수님을 통해서 하나님께 나아갈 자격을 얻게 되었다. 하나님을 예배하는 것은 진리 되신 예수 그리스도를 믿는 믿음 안에서만 가능하다.

하나님을 영화롭게

예배에서 우리의 필요를 간구하지 않을 수가 없다. 근본적으로 사람은 하나님이 필요한 존재이기 때문이다. 우리는 이 세상의 삶이나 죽음 이후에 대해서 책임지거나 바로잡을 수 있는 능력, 지혜, 의가 전혀 없는 존재다. 하나님은 그런 우리에게 자신을 만날 수 있는 방법을 마련해 주셨다. 하나님은 예배에서 우리를 만나 주시고, 우리 죄의 문제, 우리 영혼의 문제, 수많은 삶의 문제, 마음의 문제 등을 해결해 주기를 원하신다.

그럼에도 불구하고 예배에서 늘 잊지 말아야 할 것은 우리 자신보다 하나님께 더 집중되어야 한다는 점이다. 예배는 우리에게 은혜를 허락하신 하나님을 만나는 자리이다. 예배의 우선순위는 하나님의 은혜, 위로, 도움을 받는 게 아니라 그 모든 은혜를 허락하신 하나님을 높이고 영화롭게 하는 것이다. 명심하자. 예배는 예수님의 보혈과 성령님의 도우심 속에서 하나님을 만나고 경배하는 것이다.

3 새 성전:
더 이상 성전은 필요 없다

출애굽기 25~40장에는 하나님께서 이스라엘 백성에게 예배의 구체적인 방법을 가르쳐 주신 내용이 나와 있다. 구약시대 이스라엘 백성들은 하나님께서 직접 알려 주신 방법대로 성막에서, 가나안 정착한 이후는 성전을 지어서 희생 제사의 방식으로 예배를 드렸다. 포로 기간에는 회당에서 말씀 낭독과 가르침 중심으로 예배드렸다. 마침내 이 땅에 오신 예수님을 통하여 예배에 완전히 새로운 변화가 일어났다.

참된 회개부터

구약시대의 예배는 소, 양, 새 등을 태워서 바치는 제사 방식이었다. 하나님께 제물 전체를 드리는 제사는 바치는 사람의 죄를 해결하는 속죄(레 1:4)의 방법임과 동시에 자기 자신을 하나님께 온전히 드리

는 헌신의 의미를 가진다.[7]

하나님은 다섯 가지 제사를 알려 주셨다. 소제는 피 없는 곡식 제사인데 이는 여호와께서 삶을 위하여 필요를 공급해 주시고 보호해 주시는 은혜와 축복에 감사하는 것이다. 제물을 태우는 번제는 불에 태워진 희생 제물의 향기가 하나님께 상달된다는 의미를 가진다. 이는 속죄를 위한 제사이며, 하나님을 향한 자신의 헌신에 대한 표현이다. 화목제는 '하나님과의 평화로운 관계를 위한 희생 제물'이라는 의미를 가지고 있다. 특이하게도 하나님을 위해 동물의 일부를 태운 뒤 드린 자들이 화목제물의 나머지 고기를 먹을 수 있는 일종의 축제 형식의 제사였다. 속죄제와 속건제는 범죄와 그 결과를 다루는 율법을 반영하여, 하나님과의 언약 관계를 유지시키는 제사였다.[8]

이와 같은 성전 제사 방식의 예배에서 중요한 것은 의식보다 참다운 회개이다. 자신의 죄를 고백하고, 또한 죄를 지을 수밖에 없는 존재임을 고백함으로써 하나님의 긍휼을 구하는 것이다. 이때 드려지는 희생 제물은 예배자를 대신하여 죽는 것을 의미한다. 그래서 제사에서는 희생 제물의 머리에 안수함으로써(레 1:4, 레 3:2, 8, 13, 레 4:4, 15, 24) 예배자의 죄가 동물에게 옮겨졌음을 상징적으로 보여지도록 했다.

◆
7) 데이비드 피터슨, 성경신학적 관점으로 본 예배신학, 부흥과개혁사, 2011, p37.
8) 위의 책, p37-38.

이런 성전 제사 방식의 예배에서 진정한 회개와 하나님을 경외하는 마음이 없다면 어떻게 되겠는가? 껍데기만 남은 종교적 의식이 될 뿐이다.

종결 선언

예수님이 이 땅에 오셨을 때 이스라엘에는 회당 예배와 더불어 여전히 성전 제사도 함께 병행되고 있었다. 성전 제사는 율법에 근거한 예배 방식이었지만, 문제는 예배의 본질을 잃어 가고 있었다는 것이다.

> "유대인의 유월절이 가까운지라 예수께서 예루살렘으로 올라가셨더
> 니 성전 안에서 소와 양과 비둘기 파는 사람들과 돈 바꾸는 사람들이
> 앉아 있는 것을 보시고"(요 2:13~14)

요한복음을 보면 예수님이 예루살렘 성전에 가셨던 장면이 나온다. 당시 대제사장과 제사장들은 사람들이 드리는 희생 동물을 점검하고 기준에 못 미치는 것은 퇴짜를 놓아 그곳에서 장사하는 사람에게 동물을 사도록 했다. 이때 제사장들은 바쳐지는 동물의 일부를 뒤로 빼돌려 다시 장사꾼에게 되팔게 하는 부정을 저지르기도 했다.

그뿐 아니라 성전에 들어가는 20세 이상의 성인 남성은 반 세겔의 성전세를 내게 했는데 그 비용이 꽤 비싼 데다가 성전에서만 통용되는

화폐로만 받아서 당시 종교 지도자들은 성전에 들어가는 사람들에게 비싼 환전 수수료까지도 부담하게 하는 부정을 저질렀다.[9] 이렇게 퇴색된 성전의 모습은 성전 제사를 통한 예배의 불완전함과 성전 예배가 계속 유지될 수 없음을 직간접적으로 보여 주고 있다.

그러나 성전 제사 방식의 예배가 계속될 수 없는 주된 이유는 다른 곳에 있었다. 하나님께서 계획하신 진짜 예배 방법을 실행할 때가 임박했기 때문이다. 바로 새로운 성전 되신 하나님의 아들 예수 그리스도 안에서 예배하는 것이다.

완전하고 영원한 새 성전

"예수께서 대답하여 이르시되 너희가 이 성전을 헐라 내가 사흘 동안에 일으키리라 유대인들이 이르되 이 성전은 사십육 년 동안에 지었거늘 네가 삼 일 동안에 일으키겠느냐 하더라 그러나 예수는 성전된 자기 육체를 가리켜 말씀하신 것이라"(요 2:19~21)

◆
9) "무릇 계수 중에 드는 자마다 성소의 세겔로 반 세겔을 낼지니 한 세겔은 이십 게라라 그 반 세겔을 여호와께 드릴지며 계수 중에 드는 모든 자 곧 스무 살 이상 된 자가 여호와께 드리되"(출 30:13~14) 당시 성전세로 사용되었던 동전은 두로의 '세겔'인데, 반 세겔은 지역마다 다르겠지만 당시 노동자의 2~4일 임금 정도로 추정된다.

성전 제사 방식의 예배는 영원한 것이 아니라 기한이 있는 임시방편
이었다. 이제 하나님의 완전하고 영원한 속죄 방법이 새롭게 제시되었
다. 바로 예수님이시다. 그분은 이 성전 청결 사건을 통해서 속죄와 하
나님과의 화목을 위한 성전 제사 중심의 예배가 종결되었고, 앞으로 성
전 되신 자신을 통해서 하나님과의 관계가 새롭게 될 것을 보여 주셨다.

예수님께서 십자가에서 돌아가실 때, 성소 휘장이 위로부터 아래
까지 찢어졌다(마 27:50~51). 이것은 성전의 희생 제사가 더 이상 속죄의
방법이 되거나 하나님을 만나는 길이 될 수 없음을 보여 주는 것이다.

> "제사장마다 매일 서서 섬기며 자주 같은 제사를 드리되 이 제사는 언
> 제나 죄를 없게 하지 못하거니와 오직 그리스도는 죄를 위하여 한 영
> 원한 제사를 드리시고 하나님 우편에 앉으사 (중략) 그가 거룩하게 된
> 자들을 한 번의 제사로 영원히 온전하게 하셨느니라"(히 10:11~14)

예수님이 우리 죄를 해결하실 수 있는 유일한 길이며(요 3:16), 예수
님을 통해서만 하나님의 자녀가 될 수 있으며(요 1:12~14), 예수님을 통해
서만 하나님 앞에 나아가 예배할 수 있는 자격을 얻을 수 있다(요 14:6).

예수 그리스도 안에서

이제 하나님의 함께하심은 성막이나 성전의 제사가 아니라 예수님

의 인격과 사역 속에서 분명히 드러난다. 예수님은 구속과 회복을 위해 이 땅에 오셨고, 또한 만백성이 드리는 예배의 중심이 되셔서 예루살렘의 성전을 대체하셨다. 예수님은 하나님과 인간의 관계를 회복하는 역할을 하신다. 예수님은 성육신, 십자가의 죽음, 부활을 통해서 이를 가능케 하셨다.

신약시대 이후 예수 그리스도를 통하여 구속받고 하나님의 자녀로 신분이 변화된 그리스도인에게 예수 그리스도가 없는 신앙, 예수 그리스도가 없는 예배는 있을 수 없다. 그런데 예배에서 예수 그리스도가 중요다고 말은 하면서도, 실제로 우리가 얼마나 예수 그리스도를 예배하고 영화롭게 하고 있는지는 생각해 볼 필요가 있다. 앞에서 예배를 인도하는 설교자나 인도자들의 인기가 높아지고, 참여한 사람들에게 위로, 감동, 은혜를 나누려는 노력과 열정은 있지만, 정작 하나님과 예수 그리스도를 위한 영광과 찬송의 비중은 줄어들고 있지 않은가 생각해 보아야 한다.

예배에 참여한 사람이 받을 은혜와 구속의 확신보다 더 중요한 것은 우리가 예배하고 있는 분이 누구신가를 기억하고, 그에 걸맞는 경배를 드리는 것이다. 새 성전으로 성육신하시고, 십자가에서의 죽음과 부활을 통해서 생명과 회복을 허락하신 예수 그리스도 없이는 우리의 예배나 신앙 자체도 있을 수 없음을 기억하고 감사와 찬송을 올리는 것이 예배에서 우선되어야 할 것이다.

4 새 언약: 떡과 포도주는 왜?

　신약시대의 예배는 새로운 언약 되신 예수 그리스도 중심의 예배이다. 우리의 온전한 예배를 위해서 이 언약의 개념을 잘 아는 것이 중요한데, 많은 그리스도인이 이 개념에 대한 이해가 다소 부족한 편이다. 그래서 이번 장에서는 언약의 개념을 살펴본 후 예배와 언약이 어떤 관계인지를 살펴보고자 한다.

구속과 회복

　언약은 히브리어 '베리트'를 번역한 것인데, 이는 '쌍방 간에 자발적으로 이루어지는 합의 또는 어느 한 편이 다른 편에게 부과하는 약정'을 의미한다. 구약성경에서 이 언약은 '(~와 함께) 언약을 맺다(출 34:10, 사 59:21, 렘 31:36, 렘 33:20, 렘 34:13)', '(~에게) 언약을 맺다(수 9:6, 사 55:3, 사

61:8, 렘 32:40)'라는 두 가지 의미로 사용되고 있다.

하나님이 인간과 언약을 세우실 때는 전반적으로 일방적인 관계로 맺으신다. 그 이유는 하나님이 인간과 동등하지 않으시고, 자신의 법을 인간에게 부과하는 주권자이시기 때문이다.[10] 그러나 하나님이 맺으시는 이 언약에도 대상이 있다. 언약은 대상 없이는 성립될 수 없다. 하나님은 사람과 언약을 맺으셨다. 이 언약에는 창조 세계와 사람의 구속 및 회복에 대한 하나님의 계획과 방법이 포함되어 있다.

구약의 언약

하나님의 언약은 구약성경의 여러 곳에서 발견된다.

먼저 하나님은 아담과 하와와 최초로 언약을 맺으셨다. 아담과 하와가 타락함으로 사람은 사탄과 동맹을 맺게 됨과 동시에 하나님과 단절되었다. 그러나 하나님은 사람과 사탄과의 우호적 관계를 증오로 바꾸시고, 사람과 자신의 관계를 다시 수립하심으로 사람에게 회복을 약속하셨다. 이 약속은 사람의 후손과 사탄의 긴 싸움에서 마침내 사람의 후손이 승리하게 될 것이라는 회복의 언약이다. 이 언약의 성취는 메시아를 통하여 이루어진다.

두 번째로 하나님은 노아와 언약을 맺으셨다. 노아 때의 홍수 심판

♦
10) 루이스 벌코프, 조직신학, CH북스, 2004, p485.

이후, 하나님은 다시는 땅 위의 모든 육체를 홍수로 멸망시키지 않을 것이라고 약속하셨다. 이 언약은 자연의 영역을 포함하고 있다. 이 언약 역시 하나님의 은혜에 기원을 두고 있다.

세 번째로 하나님은 아브라함과 함께 언약을 맺으셨다. 이것은 공식적인 은혜 언약이라 할 수 있다. 이 언약은 앞의 두 언약과 달리 하나님과 아브라함이 함께 맺음으로써 사람이 언약의 당사자임이 확실해졌다. 하나님은 이 언약을 통해 사람에게 죄 사함과 하나님의 양자 됨, 그리고 앞으로의 복들을 약속하셨다.

네 번째로 하나님은 모세와 함께 시내산의 언약을 맺으셨다. 모세를 통해 이스라엘 백성에게 주어진 이 언약은 엄격한 율법의 요구가 포함되어 있다. 이 언약에는 율법을 지키는 것을 강력하게 요구함으로써 사람으로 하여금 죄에 대한 분명한 인식을 갖게 하고(롬 3:20, 롬 4:15, 갈 3:19), 궁극적으로 율법보다 완전한 하나님의 은혜가 필요함을 깨닫게 하는 목적을 가지고 있다(갈 3:24).[11]

이렇게 구약시대의 언약은 하나님께서 자신의 백성을 구속하시고 회복하실 것에 대한 약속과 의지가 포함되어 있다. 이 언약 안에는 이스라엘 백성이 지켜야 할 삶의 규범인 율법도 함께 포함되어 있다. 이스라엘 백성은 율법을 통해 하나님을 사랑하고, 하나님의 뜻대로 거룩

◆
11) 위의 책, p519-525.

한 삶을 살도록 부름받았다.

> "이스라엘아 네 하나님 여호와께서 네게 요구하시는 것이 무엇이냐
> 곧 네 하나님 여호와를 경외하여 그 모든 도를 행하고 그를 사랑하며
> 마음을 다하고 성품을 다하여 네 하나님 여호와를 섬기고 내가 오늘날
> 네 행복을 위하여 네게 명하는 여호와의 명령과 규례를 지킬 것이 아
> 니냐"(신 10:12~13)

새 언약 예수 그리스도

신약성경은 예수 그리스도가 이 땅에 오심으로 새로운 언약의 시
대가 시작되었음을 분명히 알려 준다. 임시방편과 같은 율법을 통해
유지되던 옛 언약의 시대는 끝이 났다. 이제 완전한 죄인의 속죄와 구
원은 오직 예수 그리스도를 통해서만 가능하다. 새 언약의 시대가 시
작된 것이다.

> "믿음이 오기 전에 우리는 율법 아래에 매인 바 되고 계시될 믿음의 때
> 까지 갇혔느니라 이같이 율법이 우리를 그리스도께로 인도하는 초등
> 교사가 되어 우리로 하여금 믿음으로 말미암아 의롭다 함을 얻게 하려
> 함이라 믿음이 온 후로는 우리가 초등교사 아래에 있지 아니하도다"
> (갈 3:23~25)

누가와 바울은 예레미야 31:31~34에 예언되었던 새 언약이 예수 그리스도를 통해서 성취되었음을 다음과 같이 분명히 기록하고 있다.[12]

"저녁 먹은 후에 잔도 그와 같이 하여 이르시되 이 잔은 내 피로 세우는 새 언약이니 곧 너희를 위하여 붓는 것이라"(눅 22:20)
"식후에 또한 그와 같이 잔을 가지시고 이르시되 이 잔은 내 피로 세운 새 언약이니 이것을 행하여 마실 때마다 나를 기념하라 하셨으니"(고전 11:25)

예배하는 언약 백성

예수님은 새 언약 아래 있는 자들에게 그들이 받은 엄청난 은혜를 만찬의 자리에서 감사하도록 가르치셨다. 이때 예수님은 자신의 이름으로 함께 먹고 마시는 이 만찬을 통해서 하나님 나라를 제시하며 메

♦
12) "여호와의 말씀이니라 보라 날이 이르리니 내가 이스라엘 집과 유다 집에 새 언약을 맺으리라 이 언약은 내가 그들의 조상들의 손을 잡고 애굽 땅에서 인도하여 내던 날에 맺은 것과 같지 아니할 것은 내가 그들의 남편이 되었어도 그들이 내 언약을 깨뜨렸음이라 여호와의 말씀이니라 그러나 그 날 후에 내가 이스라엘 집과 맺을 언약은 이러하니 곧 내가 나의 법을 그들의 속에 두며 그들의 마음에 기록하여 나는 그들의 하나님이 되고 그들은 내 백성이 될 것이라 여호와의 말씀이니라 그들이 다시는 각기 이웃과 형제를 가리켜 이르기를 너는 여호와를 알라 하지 아니하리니 이는 작은 자로부터 큰 자까지 다 나를 알기 때문이라 내가 그들의 악행을 사하고 다시는 그 죄를 기억하지 아니하리라 여호와의 말씀이니라"(렘 31:31~34)

시아 공동체로서 같이 먹고 마셔야 할 신학적 이유를 보여 주셨다.[13] 교회의 예배 역사에서 성만찬이 중요하게 자리 잡았던 이유가 바로 이 것이다. 이 성만찬은 죄 사함을 받거나 구원을 얻을 수 있는 수단이 아 니다. 성만찬을 통해 먹고 마시는 행위는 예수님을 믿는 믿음을 행동 으로 표현한 것이고, 예수님 안에 머무는 의식이라고 할 수 있다. 예수 님은 성만찬에서 자신을 통해 메시아에 대한 성경의 예언이 성취되었 음을 알림과 동시에 모든 이의 대속 제물이 되셔서 새로운 언약 관계 가 시작되었음을 알려 주셨다(고전 11:25).

예수님은 유월절 만찬의 떡과 잔을 앞으로 다가올 자신의 죽음과 생명으로 성취하게 될 구원의 상징으로 가르쳐 주신 것이다. 그러므로 주의 만찬에 참여한다는 것은 예수님의 죽음과 부활을 통해 이루어진 구원의 의미를 깨닫고, 그 안에 있는 진정 복된 삶의 초대에 반응하는 것이라 할 수 있다.

우리 예배의 중심이 새 언약 되신 예수 그리스도라는 말은 단순히 성만찬을 매주 해야 한다는 의미가 아니다. 예배의 처음부터 끝까지 예수님에 대한 찬양, 예수님에 대한 성경 봉독과 듣기로만 채워야 한 다는 뜻도 아니다. 새 언약 예수 그리스도의 하나님 되심, 그분의 죽음 과 부활을 통해서 우리가 구속받고 진정한 하나님 자녀가 됨을 믿는

◆
13) 데이비드 피터슨, 앞의 책, p140-151.

것이며, 그분의 보혈과 공로에 힘입어 하나님의 임재 앞에 나아갈 수 있음을 믿음으로 고백하는 것이다. 예수 그리스도를 통하여 구속을 계획하시고, 실행하시고, 우리 죄인을 용납하시고 끝까지 사랑하시는 신실하신 하나님을 기억하며 감사와 찬송과 영광을 그분께 올려드려야 한다.

예배와 성만찬에 참여하는 예배자는 은혜, 복, 기도 응답 중심의 자기 사랑의 신앙을 뛰어넘어 언약에 따라 자기의 백성을 포기하지 않으시고 그 언약대로 성취하시는 전능하신 삼위일체 하나님께 진실한 마음으로 감사하고 예배하는 언약 백성임을 기억해야 한다.

5 변화:
이제 방향이 전환될 때

예배에 참석하는 대부분의 회중은 하나님께로부터 받을 은혜와 복을 기대하는 마음을 갖고 있다. 하나님의 구원, 하나님의 복, 하나님의 위로, 하나님의 사랑을 기대한다. 하나님은 그런 것들을 충분히 주실 수 있는 분이시다. 하지만 무언가 받을 것에 우선순위를 둔다면 그 신앙은 곧 종교화되어 버릴 위험성이 있다. 이런 소비주의적인 예배는 결국 참석하는 자들을 자기중심적이며 이기적인 신앙의 태도로 굳어지게 한다. 예배는 절대 일방적일 수 없다. 또 하나님을 나를 위해서 일하셔야 하는 분으로만 인식해서도 안 된다.

온전한 삶

나는 구약성경을 읽을 때마다 하나님 앞에 선 자들의 모습에서 엄청난 긴장을 느끼곤 한다. 시내산에서 하나님을 만나 율법을 받는 모세의 모습이나 말씀을 듣고 전달하기 위해서 하나님의 임재 앞에 서거나 환상을 보고 있는 선지자들의 모습에서 그런 긴장감을 느낀다. 하나님의 방법대로 예배하지 않음으로 선을 넘었던 사울 왕과 그에 따른 결과에 대하여 읽을 때 위태로운 감정까지 느낀다.

고라, 다단, 아비람, 온이 모세에게 반역하여 하나님의 뜻을 거스름으로 심판 앞에 섰을 때도 그렇다. 나는 하나님이 의와 거룩이라는 기준을 통하여 당신의 백성들을 바로잡아 가시는 모습을 볼 때마다 안도감과 긴장감이 교차한다. 바르게 공의를 세우시는 하나님이 계시다는 안도감과 긴장감이 있기 때문이다.

하나님은 늘 강경하고 엄격하게 대처하는 분이 아니시다. 40년 동안 미디안 광야에서 실패감으로 방황하고 있는 모세를 하나님이 찾아가셨을 때 어떠했는가? 바알과 아세라를 섬기는 제사장들과 맞서며 전능하신 하나님의 권능을 보았고, 아합에게 당당히 하나님의 공의를 선포했던 엘리야가 그릿 시냇가에서 숨어 있을 때 하나님은 그를 찾아가서 어떻게 하셨는가? 하나님은 그들과 함께하는 분이 어떤 분인지를 알게 하셨고, 그들 자신이 누구인지를 알게 하셨다. 하나님은 그들이 온전한 삶을 살도록 하나님의 역사의 현장으로 다시 이끌어 내셨다.

하나님의 뜻대로

하나님의 임재 앞에 있었던 성경의 사람들이 하나님의 뜻대로 삶의 변화와 방향 전환이 있었던 것처럼 오늘날 하나님을 예배하는 자들에게도 동일한 변화와 방향 전환이 일어난다. '하나님 앞에 겸손하게 나아가서 경배하며 영광 올려드리는 예배를 드린다'는 말은 하나님의 영광을 위해 살겠다는 헌신이 동반된 것이다. 그런데 예배에서 입술로 하나님을 경배하고 이런 헌신을 고백했음에도 불구하고 정작 자신의 삶으로 돌아와서는 다시 원래대로 살아간다면 그 예배가 진실한 예배였다고 말하기 어려울 것이다.

> "그러므로 형제들아 내가 하나님의 모든 자비하심으로 너희를 권하노니 너희 몸을 하나님이 기뻐하시는 거룩한 산 제물로 드리라 이는 너희가 드릴 영적 예배니라 너희는 이 세대를 본받지 말고 오직 마음을 새롭게 함으로 변화를 받아 하나님의 선하시고 기뻐하시고 온전하신 뜻이 무엇인지 분별하도록 하라"(롬 12:1~2)

우리 몸을 거룩한 산 제물로 드리는 예배는 우리 삶을 드리는 예배를 의미한다. 내 의지, 내 자존심, 내 계획보다 하나님의 뜻을 더 가치 있게 생각하며 그 뜻대로 살아가는 것이 진짜 예배이다. 진실한 예배는 모이는 공예배에서 찬송을 부르고 헌신의 고백을 하는 것만이 아니라, 자기 삶의 모든 영역에서 그 고백과 헌신대로 살아 내는 것도 포함된다.

예배에서 중요한 것은 하나님의 뜻대로 내 마음, 내 생각, 내 의지의 방향이 전환되는 것이다. 나는 목회학박사 학위논문을 〈다가오는 청년 세대를 위한 전도적 예배(Evangelistic Worship)〉라는 주제로 썼다.[14] 이 논문에서 다룬 전도적 예배의 핵심은 하나님 앞에서 일어나는 변화이다. 예배 중에 하나님 앞에서, 하나님에 의하여 경험할 수 있는 예배자의 변화를 다음과 같이 간략히 소개한다.

첫째는 회심(Conversion)이다. 예배는 모든 방향이 하나님께로 향한다. 하나님을 영화롭게 하고, 하나님의 뜻이 이 땅과 우리 인생에 이루어지기를 고백하고 도움을 구한다. 하나님과 하나님의 나라를 이해하기 시작할 때, 예배자의 삶은 자신을 향하는 방향에서 하나님 쪽으로 돌이켜질 수밖에 없다. 다른 방향으로 인생을 살아가는 자는 복음을 통해서 강력하게 하나님께로 인생의 방향이 전환되도록 요구받는다. 나 또한 예배에서 이런 인생의 방향 전환을 경험했다. 생각해 보면 내가 인격적으로 예수님을 주로 고백하고 하나님께 돌아섰던 회심은 예

◆

14) Kihun Choi, 21st Century Evangelistic Worship Strategy for the Emergent Generation in South Korea, Liberty University, 2014. 1950년 전후로 출생한 베이비부머의 자녀들인 1977~1994년생의 청년 세대가 신앙을 잃어 가고 교회를 떠나는 상황에서 어떻게 다시 복음 중심의 예배로 신앙을 회복할 수 있도록 할 것인지 연구한 논문이다. (https://digitalcommons.liberty.edu/doctoral/880/)

배에서 일어났다.

둘째는 교정(Reformation)이다. 예수님을 구주로 고백하는 단 한 번의 회심으로 완성된 신앙을 가진 사람은 아무도 없다. 회심은 변화의 시작점이다. 그때부터 끊임없이 옛사람과 싸우기 시작하고, 바른 믿음의 길에 대한 고민이 계속 이어진다.

인생을 살아가다 보면 수없이 많은 유혹과 풍파가 찾아오는데, 그런 상황에서 믿음에 근거한 바른 결정을 내린다는 것이 그리 쉽지 않다. 그러므로 예배자는 수많은 어긋남과 교정의 반복 속에서 주님의 뜻을 찾아 길을 걸어가는 사람이라 할 수 있다. 예배 중 하나님 앞에서 말씀을 통하여 교정하시는 하나님의 손길을 경험하는 예배자는 복음을 통해 하나님의 뜻을 바르게 이해하고, 자신의 삶에 적용하여 고민하고 묵상하는 일들이 일어나는 것이다.

셋째는 회복(Restoration)이다. 우리 자신은 스스로가 생각하는 것만큼 그리 강하지 않다. 우리의 내면은 생각보다 약하고 쉽게 지친다. 인생길을 걸어가다 보면 작은 일에 쉽게 걸려 넘어지기도 하고, 빨리 지치기도 한다. 그런 우리를 잘 아시는 하나님은 예배를 통해서 우리를 만나 주시고 위로하신다. 하나님은 예배에서 우리의 정체성과 소명을 재정의해 주실뿐만 아니라 하나님을 믿고 따라가는 삶에 대한 소망까지 주신다.

넷째는 양육(Discipline)이다. 앞에서 예배를 하나님께서 주시는 위로와 은혜를 받는 시간으로만 인식하거나, 하나님만 영화롭게 하는 종교적 예전 의식으로만 생각해서는 안 된다고 강조했다. 그 이유는 예배가 하나님의 말씀을 통하여 예배자가 하나님의 뜻을 알아 가고 그리스도의 제자로 훈련되는 곳이기 때문이다. 특히 설교 시간은 단지 예배자가 어떤 강론이나 강의를 듣는 것이 아니라 하나님의 말씀을 통하여 믿음과 소명의 삶에 대하여 배우고 훈련받는 시간이다. 단지 믿음이 있다고 해서 자연스럽게 하나님의 뜻대로 살아갈 수 있는 것은 아니다. 하나님의 말씀을 배워서 삶에 필요한 인생 지도를 만드는 일이 중요한데, 바로 예배에서 이런 일이 일어난다. 그리스도인들이 세상 속에서 하나님의 백성으로 살아가도록 훈련하는 교회는 신병교육대로 비유되기도 하는데, 예배에서 이런 훈련이 일어난다.

다섯째는 전환(Outreach)이다. 예배는 단순히 예배자가 성경의 옛 시대를 탐방하는 타임머신 여행이 아니다. 출애굽 시대로 돌아가고, 초대교회 시대로 돌아가서 그때의 일들을 듣고 묵상하는 것으로 끝나지 않는다. 믿음에 관한 핵심 정보들을 듣고 공유하는 시간은 더더욱 아니다. 예배는 반드시 예배자 자신의 삶과 이어져야 하고, 성경을 통해 알게 된 하나님의 뜻을 삶의 현장에서 살아 낼 수 있도록 삶의 매뉴얼을 쓰는 시간이다. 나아가 자신의 연약함과 무능함을 알기에 소명의 삶을 살 수 있도록 하나님의 도우심을 구하고 결단하기도 한다. 예배에서 설교 후의 결단과 헌신의 순서들이 바로 여기에 속한다.

내어 드리는 태도

예배에 참여하는 태도 중에서 잊지 말아야 할 것은 겸손이다. 예배학을 공부하면서 겸손이라는 단어를 자주 들었다. 그전까지 예배를 연상케 하는 단어는 은혜, 사랑, 구원, 감격 같은 단어였는데, 이는 하나님으로부터 오는 선물과 유익을 중요하게 여기는 개념들이다. 그러나 예배의 대상과 주인이 하나님이심을 분명히 하니 자연스럽게 예배에서 겸손이 중요하게 되었다. 진정한 겸손은 하나님께서 우리의 인생과 세상을 통치하고 주관하는 분이심을 제대로 인식하는 것이다.

또 한 가지 예배자의 중요한 태도는 내어드림이다. 우리를 창조하시고 인도하시는 분께 우리 자신을 맡겨드리고, 죄로 인하여 온전치 못한 우리가 예수님의 보혈과 속죄를 통하여 죄의 문제가 해결되는 것이다. 예배는 마치 수술실과 같다. 수술대 위에 누워 있는 환자가 자신을 위해서 할 수 있는 것은 하나도 없다. 환자가 전적으로 의료진에게 자신의 몸을 맡길 수밖에 없는 것처럼, 예배에서 죄의 문제, 인생의 문제, 소명의 문제를 그저 하나님께 맡겨드릴 수밖에 없다. 하나님은 그런 우리의 영혼과 인생을 수술하시고 치료하시고, 하나님 나라의 백성으로서 살 수 있는 자격과 소망을 허락하신다.

"여호와의 말씀이니라 이스라엘 족속아 이 토기장이가 하는 것 같이
내가 능히 너희에게 행하지 못하겠느냐 이스라엘 족속아 진흙이 토기

장이의 손에 있음 같이 너희가 내 손에 있느니라"(렘 18:6)

예배 중 당신의 모습은 어떠한가? 하나님께서 당신을 빚으시도록 내어드리는가? 예배의 자리에 나아갈 때마다 하나님께서 나를 당신의 형상으로 빚어 주시기를 소망하고 기도하고 있는가? 사람들과 대면하여 함께 드리는 예배든지, 온라인으로 드리는 예배든지, 아니면 여러 가지 상황으로 인하여 혼자서 예배를 드리든지 간에 예배의 방법보다 더 중요한 문제가 있다. 바로 예배 중에 하나님을 영화롭게 하고, 그분의 뜻을 구하며, 그분의 형상으로 빚어지는가이다.

6

공동체:
함께 예배하는 사람이 필요한 이유

교회의 공예배는 사람들과 함께 드리는 예배다. 사람들과 함께 드리에도 불구하고 예배 중에는 옆 사람과의 교제가 많이 제한되어 있는 이유는 하나님께 집중하기 위해서이다. 하지만, 공예배가 다른 이들과 함께하는 예배이기에 다른 예배자들과의 관계의 중요성을 간과해서는 안 된다. 회중은 서로 영향을 주고받기 때문이다.

예배와 공동체

공예배는 그 교회의 신학이나 구성원에 의해 분위기가 많이 좌우된다. 어릴 때부터 장로교회에서 신앙생활 하고 자라 왔던 나는 대학생 때 몸담았던 선교단체나 타 교단에 속한 교회에 처음 참석했던 때의 기억이 생생하다. 찬양, 설교, 사람들의 반응 등에서 느끼는 문화

충격이 내게는 신선하기도 하고, 때로는 불편하게 느껴지기도 했다.

목회자로 여러 교회와 단체들에서 사역하면서도 비슷한 경험들을 했다. 같은 신학과 신앙고백을 가진 같은 교단 내에서의 사역 이동이었을지라도, 그 교회에 몸담고 있는 사람들, 지역성, 연령대에 따라서 전혀 다른 느낌의 예배를 드리고 있었다. 그 이유는 단순히 예배가 달랐던 것이 아니라 공동체가 달랐기 때문이었다. 신학, 비전, 사람, 문화가 다른 공동체였기에 예배도 달랐던 것이다. 예배는 공동체와 분리해서 생각할 수 없다.

온전한 믿음

"그들이 사도의 가르침을 받아 서로 교제하고 떡을 떼며 오로지 기도하기를 힘쓰니라 사람마다 두려워하는데 사도들로 말미암아 기사와 표적이 많이 나타나니 믿는 사람이 다 함께 있어 모든 물건을 서로 통용하고 또 재산과 소유를 팔아 각 사람의 필요를 따라 나눠 주며 날마다 마음을 같이하여 성전에 모이기를 힘쓰고 집에서 떡을 떼며 기쁨과 순전한 마음으로 음식을 먹고 하나님을 찬미하며 또 온 백성에게 칭송을 받으니 주께서 구원 받는 사람을 날마다 더하게 하시니라"(행 2:42~47)

예수님의 제자들과 처음 그리스도인이 된 사람들이 함께 모이기 시작했다. 초대 그리스도인들은 그 모임에서 사도들의 가르침을 통해서 복음을 배웠으며, 함께 기도했고, 함께 찬송했다. 사도행전 2장은 당시 예배에 관하여 구체적인 순서나 상황을 설명해 주는 것은 아니지만, 그들이 함께 모여서 예배했음은 분명히 보여 준다.

이 기록에서 눈에 띄는 것은 성경 저자가 그들 신앙의 외적인 모습만 보여 주는 것이 아니라 서로 어떻게 행동했는지도 기록했다는 점이다. 그들은 '함께 있었고', '마음을 같이 했고', '모이기를 힘썼고', '서로의 필요를 채워' 주었다. 당시 주위 사람들은 그들의 신앙적인 모습뿐만 아니라 그들이 서로 어떻게 섬기고 사랑하는지를 보았고, 그들 가운데서 일하시는 하나님을 보았을 것이다.

초기 그리스도인의 교회는 레이투르기아(leitourgia), 코이노니아(koinonia), 디아코니아(diakonia)라는 세 개의 헬라어 단어로 설명할 수 있다. 그중에서 레이투르기아는 섬김과 순종이 동반된 예배를, 코이노니아는 교제가 있는 친밀한 공동체를 의미하는데, 이는 교회가 예배를 통해 서로 기쁨과 짐을 함께 나누는 공동체임을 보여 준다.[15] 특히 예배 공동체가 코이노니아의 특징을 잃어버린다면 예배는 단순히 사람

15) 배리 존스, Dwell, 성서유니온, 2016, p196. 배리 존스는 마이클 프로스트의 책 『Exile: Living Missionally in a Post-Christian Culture』에서 초기 그리스도인의 공동체를 설명하는 세 가지 단어를 인용하여 교회 공동체가 예배와 어떤 관계가 있는지 설명한다.

들이 같은 장소와 시간에 모여서 어떤 공연을 보는 것처럼 되어 버릴 위험성이 다분히 있다.

예배의 공동체성을 살펴볼 수 있는 예로 사도행전 7장에서 처음으로 일곱 집사가 세워진 장면을 들 수 있다. 당시 경제적으로 삶을 잘 보전하기 어려웠던 헬라파 과부들을 돕는 문제가 불거졌는데, 이로 인해 공동체 안에서 섬김의 필요가 있는 사람들을 위해서 집사라는 직분이 세워졌다. 이는 예배 공동체가 단순히 영적인 필요만 채우는 것이 아니라 삶의 실제적인 부분들을 채울 수 있도록 서로 돕는 것을 중요하게 여겼음을 보여 주는 예라 할 수 있다.

사도행전 11장에서도 그 예를 찾아볼 수 있다. 스데반의 순교 이후 흩어졌던 사람들 중에 안디옥에서 복음을 전한 사람들이 있었다. 안디옥에 교회가 세워지자 예루살렘교회는 안디옥 교인들의 신앙 성장과 교육을 위해 바나바를 파송했다. 이때 바나바는 예수님을 만나 회심했지만 사람들의 경계로 인하여 조용히 숨어 지내던 바울을 데리고 안디옥으로 갔다. 그 둘은 일 년 동안 안디옥에서 하나님을 예배하며 사람들에게 복음을 가르쳤다.

안디옥에 가기 전의 바울을 살펴보면, 예수 그리스도를 만났지만 사람들을 피해서 조용히 지내고 있었다. 아무리 율법에 능한 자였더라도 함께 복음을 배우고, 묵상하고, 신앙생활 할 공동체가 없었기에 바울은 온전한 믿음의 사람으로 성장할 기회가 없었다.

그런데, 바나바와 안디옥교회가 바울에게 그런 공동체가 되어 주었다. 안디옥교회와 바나바는 바울에게 그리스도를 믿는 믿음 안에서 자라고 성장할 수 있는 신앙 공동체, 그리고 예배 공동체였던 것이다. 바울은 일방적으로 안디옥교회에 무엇을 가르친 것이 아니라 그 예배 공동체에서 함께 성장했다.

사랑과 섬김

"두세 사람이 내 이름으로 모인 곳에는 나도 그들 중에 있느니라"(마 18:20)

우리의 공예배는 사람들과 함께 드리는 예배다. 주 예수 그리스도의 보혈과 공로를 힘입어 하나님을 예배할 때 우리는 나 혼자뿐만 아니라 다른 예배자들과 함께 나아간다. 함께 예배하면서 서로 영향을 주며, 함께 믿음이 자란다.

청소년 시절 교회의 형들과 누나들을 보면서 신앙의 도전을 받았던 기억이 있다. 선배들이 예배하는 모습과 열정에 도전받았고, 그 모습을 보며 언젠가 나도 그렇게 섬기겠다고 마음먹곤 했다. 학년이 올라가면서 나 역시 찬양을 인도하고, 열정을 다해 하나님을 예배했다. 이 시절의 내 기억 속의 예배에는 단지 나만 있는 것이 아니라 늘 다른 사람들과 함께 있었다. 앞서 가며 이끌어 준 선배들이 있었고, 옆에서 함께 손을 맞잡고, 서로 안아 주고, 함께 믿음의 길을 걸어가도록 기도해 주는 든든한 동역자들이 있었다.

대학생이 되어 선교단체에서 훈련을 받으며 헌신할 때에도 내 주위에는 늘 믿음의 동역자들이 있었다. 함께 손을 맞잡고 중보하고, 서로를 세워 주던 관계를 통해 받았던 감동과 기쁨은 지금도 잊을 수 없다.

개인의 경건과 예배는 중요하다. 믿음의 기본이다. 하지만 하나님은 우리가 혼자 신앙생활 하도록 하지 않으셨다. 예수님은 처음부터 한 명의 제자가 아닌 여러 명의 제자를 세우셨고, 제자들의 공동체를 통해 복음이 선포되고 믿음을 가질 수 있도록 하셨다. 그런 그리스도의 제자들의 공동체가 바로 교회이다. 그리스도의 제자들은 교회에서 사람들과 함께 예배함으로써 믿음이 자란다. 서로를 위해 중보하면서 힘이 되어 주고, 서로에게 좋은 본이 되어 줌으로 건강한 도전을 주고받는다. 우리는 서로의 사랑과 섬김에 힘입어 각자의 인생에서 예배하는 삶을 살아낼 힘과 자신감을 얻는다.

이것이 예배 공동체를 통해서 경험할 수 있는 유익이다. 스스로에게 물어보라. 나는 함께 예배하고 있는가?

7 교육: 하나님 형상으로 빚어지기

예배드릴 때마다 하나님 품 안에서 쉼을 얻으며 즐거웠던 유년의 기억이 잊혀지지 않는다. 어린 나이에도 불구하고 쉽게 비켜 가기에는 인생의 무게가 버거웠던 나는 예배를 통해 만나 주시고, 위로해 주시고, 회복시켜 주시는 하나님의 사랑을 경험했다. 돌이켜 보면 수많은 예배가 단지 하나님의 위로와 격려만 받는 시간은 아니었다. 예배는 하나님의 형상으로 나 자신이 빚어지는 곳이었다.

청소년 시기에 따로 성경적 세계관이나 철학 같은 것을 배운 적이 없다. 수많은 예배를 통해서 그리스도인이 누구인지, 그리스도인은 어떻게 살아가고, 어떻게 행동해야 하는지에 대한 분명한 성경적인 가치들을 배웠다.

그렇다. 하나님은 예배를 통해서 단순히 나를 위로하시고 격려하셨던 것만이 아니라 자신의 형상대로 나를 단단하게 빚어내셨다. 예배는 하나님이 우리를 훈련하고 그분의 형상으로 빚어내시는 곳이다. 하나님은 예배에서 우리 자신의 정체성, 인생의 방향과 삶의 목적, 행동 기준 등을 잘 세워 가도록 훈련하신다. 교회 내의 많은 프로그램도 유익하겠지만, 하나님이 우리를 훈련하시고 빚어내시기에 예배보다 좋은 곳은 없다.

균형 있는 교회 교육

풀러신학교의 마크 브랜슨(Mark Lau Branson) 교수와 주안 마르티네즈(Juan F. Martinez) 교수는 균형 있는 교회 교육(Church Formation)의 세 가지를 제시했는데, 이는 우리가 교회를 통해서 어떤 교육들을 균형 있게 배워야 하는지를 잘 설명해 준다.[16] 두 교수가 제시하는 균형 있는 교회 교육의 세 가지는 다음과 같다.

첫째는 영성 훈련(Spiritual Formation)이다. 교회에서 진행하는 일반적인 신앙 교육이 여기에 속한다. 이 영성 훈련은 하나님이 누구신지를 배우거나 하나님과의 관계를 위한 여러 가지 신앙 훈련들이다. 우리는 이 영성 훈련을 통해 구원의 확신, 감격, 은혜, 위로, 소명을 견고히 세

---

16) Mark Lau Branson & Juan F. Martinez, Churches, Cultures & Leadership, InterVaristy Press, 2011, p60-64.

우며 믿음의 성장을 기대할 수 있다.

둘째는 관계 훈련(Congregational Formation)이다. 이것은 같은 교회 공동체 내에서 다른 사람들과의 관계를 통해 받을 수 있는 성품 훈련 및 대인 관계 훈련이다. 우리는 신앙 공동체 내의 관계를 통해서 하나님의 공의, 하나님의 사랑, 하나님의 은혜 등을 경험할 수 있다. 하나님은 사랑과 은혜를 직접 보고 체험할 수 있도록 우리에게 신앙 공동체를 주신 것이다. 공동체 내 서로의 관계는 우리의 속사람을 강건하게 하고, 모난 부분을 깎아 내도록 돕는 페이스메이커 같은 역할을 한다. [17]

셋째는 선교 훈련(Missional Formation)이다. 우리는 교회 공동체 안에서 하나님의 사랑을 전하고 나눌 수 있는 사람으로 훈련받을 수 있다. 하나님은 당신의 백성들에게 그분의 사랑과 선함을 세상에 나타내도록 소명을 주셨다. 그리스도인은 교회 공동체를 통해서 이런 하나님의 부르심을 이해하고 살아가도록 훈련받는다.

복음의 소중한 가치

이런 교회 훈련을 위한 최적의 장소가 바로 예배다. 어떤 훈련도 예배에서의 훈련보다 우선될 수 없다. 『그리스도인의 비전』의 저자 리차

◆

17) 페이스메이커(pacemaker): 중거리 이상의 경주나 자전거 경주 등에서 선두를 달려 기준이 되는 페이스를 만드는 선수, 또는 심장에 주기적으로 전기 자극을 주어 수축시킴으로써 심장의 박동을 정상적으로 유지하는 장치를 말한다.

드 미들톤(J. Richard Middleton)과 브라이안 왈쉬(Brian J. Walsh)는 예배의
중요성을 다음과 같이 설명한다.

> 기독교 공동체를 기독교적인 것으로 만드는 것은 그들의 예배이다.
> 철저한 공동체는 세상과는 다른 하나님께 예배하고 기도하는데, 이 공
> 동체가 지배적인 문화를 타파하는 것은 그 예배 때문이다. 이 공동체
> 의 예배는 그 공동체 전체의 생활 패턴을 정해 준다. 그것은 세상에 순
> 응되는 것이 아니라, 그 공동의 정신 곧 세계관을 새롭게 함으로써 변
> 화를 받는 공동체이다. 결국 그 공동체의 예배는 단순한 의식적 활동
> 정도로 퇴보되는 것이 아니라, 그 공동체의 전 생활을 하나님께 제물
> 로 드리는 것이다. [18]

복음을 하나의 정보나 이론으로 인식하는 것만큼 위험한 것이 없
다. 복음은 단순한 종교적인 정보 이상이다. 하나님 나라에 대한 진실
이며, 우리의 삶으로 살아 내야 할 소중한 가치이다. 하나님은 예배에
서 우리를 만나 주시고, 온전케 회복하시고, 당신의 뜻과 생각을 가르
쳐 주시고, 그 뜻대로 살아갈 수 있는 지혜를 주시고, 그리고 성령님의
인도하심을 약속하신다. 그러므로 예배는 믿음의 형성과 믿음의 삶을

♦

18) 리차드 미들톤과 브라이안 왈쉬, 그리스도인의 비전, IVP, 1987, p200.

위한 중요한 장소다. 문화랑 교수도 그의 책『예배학 지도 그리기』에서 다음과 같이 말했다.

> 사람은 예배 속에서 하나님 앞에 서서, 말씀을 듣고, 말씀이 구체화된 예전을 행하며, 마음의 결단을 요구받는다. 그러므로 예전은 기독교인을 훈련하는 도구가 될 수 있다. [19)]

미국 칼빈대학교의 교수인 제임스 스미스 역시 저서『하나님 나라를 욕망하라』에서 그리스도인들이 예배를 통해서 어떻게 참된 그리스도인으로 배우고 훈련될 수 있는지를 자세히 설명한다. 그는 사람이 지식과 정보에 의해서 움직이는 것이 아니라 욕망에 따라 움직인다고 말한다. 예를 들어, 쇼핑을 가르쳐 주지 않아도 대부분 사람이 반복적으로 하는 것은 사람이 얼마나 욕망에 의해서 자연스럽게 움직이는지를 보여 주는 증거라고 말한다.

그런데 기독교는 지금까지 개인의 형성을 위해 지식과 정보 전달의 방법에 힘써 온 결과 삶의 근본적인 변화를 위한 교육 효과가 미비하다는 것이다. 그는 예배를 통한 의례와 리듬(예전의 순서들)이 우리의 근원적인 욕망을 제어하고 복음에 근거한 믿음의 사람으로 세우는 데

✦
19) 문화랑, 예배학 지도 그리기, 이레서원, 2020, p95.

가장 효과적이라고 말한다. 반복되는 순서들에 따라 예배함으로써 우리는 몸을 통하여 믿음과 경건의 훈련을 받는다.[20] 이 예배의 리듬에 관해서는 다음 장에서 더 구체적으로 다룰 것이다.

충분한 양육

예배를 통한 좋은 훈련의 효과가 한 시간 정도에 맞추어져 있는 주일예배로만 가능한지는 의문이다. 솔직히 좋은 결과를 기대하기 어렵다고 생각한다.

나는 캠퍼스에서 학생들과 예배하고, 설교를 통해 말씀을 가르치고 있다. 예배 회중으로 앉아 있는 학생들 중에는 성경의 내용이나 신앙에 대해서 잘 모르는 사람들도 더러 있다. 설교하는 중간에 그날 본문이 아닌 다른 성경의 내용을 인용할 경우, 학생들의 충분한 이해를 돕기 위해 최대한 자세히 설명하려고 노력한다. 그러다 보면 자연스럽게 설교 시간이 길어질 수밖에 없다.

설교 후에는 말씀대로 살아가기를 결단하고, 주님의 도움을 구할 때에도 충분한 시간이 필요하다. 그러다 보니 늘 시간의 압박감을 느낀다.

짧은 시간의 예배로 큰 성장의 믿음이라는 결과를 만들어 내라는 요구는 너무 힘든 숙제다. 시간보다 양육의 효과를 더 우선적으로 고

◆
20) 제임스 스미스, 앞의 책, p23-37.

려해서 예배가 계획되면 좋겠다.

예배적인 삶을 살도록

예배의 목적과 대상이신 하나님을 경배하는 동시에 예배 주체자인 회중의 중요성도 잊지 않아야 한다. 하나님은 예배에서 회중인 우리를 만나 주시고, 말씀하시고, 당신의 형상으로 빚으시고, 당신의 뜻 가운데 살도록 인도할 것을 약속하신다. 그러므로 예배에서 회중인 예배자에 대한 초점과 배려가 필요하다.

우리는 모든 상황에서 하나님을 예배하는 온전한 예배자를 키워 내는 일에 집중해야 한다. 어떤 상황에서도 하나님을 예배하고, 예배적인 삶을 살도록 형성하는 것이다. 우리는 팬데믹과 같은 특수한 상황으로 함께 모여 예배할 수 없을 때, 업무 때문에 타지에 혼자 떨어져서 지낼 때, 주일에 일하고 퇴근했으나 예배할 수 있는 어떤 예배나 도움을 받을 수 없을 때에도 각자 있는 곳에서 하나님을 예배할 수 있어야 한다.

교회에 참석해서 예배하는 것이 어려울 수 있는 상황은 우리 모두에게 일어날 수 있다. 그러나 우리는 어느 곳에서나 어떤 상황에서나 예배자가 되어야 한다. 단지 의무감을 뛰어넘어 영과 진리 가운데 하나님을 높이고, 하나님의 사람으로 빚어지는 예배자가 되어야 한다. 교회는 성도들이 어떤 상황 속에서도 하나님을 예배할 수 있는 진정한 예배자가 되도록 돕고 양육하는 일에 더 힘을 써야 한다.

8

삶:
예배와 그 이후

예배는 우리가 함께 드리는 공예배로 끝나지 않는다. 예배의 마침
은 축도 시간이 아니라 예배 중에 드린 믿음의 고백과 헌신을 삶에서
살아 낼 때이다. 다행히 오늘날의 그리스도인들은 삶의 예배를 점점
중요하게 생각하고 있는 것 같다. 예배가 끝나고 교회의 문을 나서면
서 자신의 믿음의 고백과 헌신을 까마득히 잊어버리고 마음대로 살아
가는 선데이 크리스천에 대한 경계심도 많아진 듯하다. 하지만 '어떻
게 삶의 예배를 드릴 수 있는가'에 관하여 구체적으로 가치관을 형성하
고 준비하는 방법은 여전히 미흡한 것 같다. 삶의 예배라는 명제는 있
으나 방법과 실체가 없는 것이다.

삶의 거룩한 제사

"그러므로 형제들아 내가 하나님의 모든 자비하심으로 너희를 권하노니 너희 몸을 하나님이 기뻐하시는 거룩한 산 제물로 드리라 이는 너희가 드릴 영적 예배니라"(롬 12:1)

영적인 예배는 하나님과 깊이 교통하는 것 같은 외적 경건이나 열정을 보여 주는 예배가 아니다. 예배의 가장 중요한 영성은 자기 자신을 드리는 것이다. 바울은 진정한 영적 예배는 자신을 산 제물로 드리는 예배라고 말한다. 원래 제물은 목숨 바쳐서 드려지는 것인데, 산 제물은 살아 있지만 이미 죽은 것 같이 드려지는 헌신을 말하는 것이다. 내 자아, 생각, 의지보다 주님 뜻에 따라 순종하며 살아가는 것이다. 갈라디아교회로 보낸 바울의 편지에서 이를 잘 설명한 구절을 찾아볼 수 있다.

"내가 그리스도와 함께 십자가에 못 박혔나니 그런즉 이제는 내가 사는 것이 아니요 오직 내 안에 그리스도께서 사시는 것이라 이제 내가 육체 가운데 사는 것은 나를 사랑하사 나를 위하여 자기 자신을 버리신 하나님의 아들을 믿는 믿음 안에서 사는 것이라"(갈 2:20)

이것이 진짜 영적 예배이다. 이것이 진짜 영성이다. 물론 이 말씀대로 살기가 정말 어렵고 부담스럽다. 그런데, 예수님은 자기 자신을 그렇게 산 제물로 드리셨다. 그 죽음과 부활을 통하여 우리에게 구속과 회복을 허락하셨다. 우리는 주님으로부터 엄청난 생명과 사랑을 받았다. 바울은 그 은혜를 받은 우리에게 자신을 살아 있는 제물로 드리는 삶의 예배를 드리라고 강력하게 권한다. 함께 모여서 드리는 공예배는 예배의 전부가 아니라 오히려 진실된 예배의 시작점이다. 믿음과 헌신의 고백을 뛰어넘어 하나님의 뜻대로 살아 내기 시작할 때에 온전하고 영적인 예배가 본격적으로 시작된다.

묵상하고 고민하고 살아 내고

바울은 우리 몸을 산 제물로 드리는 영적 예배를 권하고 난 이후, 삶의 예배를 위한 구체적 방식도 다음과 같이 알려 주었다.

"너희는 이 세대를 본받지 말고 오직 마음을 새롭게 함으로 변화를 받아 하나님의 선하시고 기뻐하시고 온전하신 뜻이 무엇인지 분별하도록 하라"(롬 12:2)

자신을 산 제물로 드린다는 것은 단순히 한두 번의 헌신으로 끝나는 것이 아니다. 계속해서 하나님의 마음과 뜻을 알고자 묵상하고 고민하며, 끊임없이 그 말씀대로 삶에서 살아 내려고 믿음의 경주를 다하는 것이다. 하나님의 선하시고 기뻐하시고 온전하신 뜻이 무엇인지 알지 못한다면 삶의 예배를 제대로 드릴 수 없고, 하나님의 말씀을 이해하고 받아들이고 살아가도록 그분의 손길 가운데 변하는 내가 되지 않으면 그 삶의 예배는 속 빈 강정과 같이 윤리적 행동만 남아 버릴 수 있다.

그렇다면 어떻게 하나님의 뜻을 알 수 있을 것인가? 어떻게 지속적으로 하나님의 뜻을 담아내는 성전으로 나 자신을 변화시킬 수 있을 것인가? 어떻게 하나님 뜻대로 살아 내는 나의 길을 그려 보고 다짐하고, 또 하나님께 도움을 구할 것인가? 공예배에서부터 제대로 시작해야 한다. 공예배에서 하나님을 제대로 만나고 예배할 때 가능하다.

소명을 위한 준비

앞 장에서 초대 그리스도인들이 경험한 교회를 설명하면서 믿음과 순종이 동반된 레이투르기아와 기쁨과 짐을 함께 지는 코이노니아를 설명한 바 있다. 한 가지 더 중요한 요소는 봉사의 일을 하게 하는 디아코니아이다. 디아코니아는 교회 공동체에게 주어진 소명으로 '세상에서 하나님의 선교에 참여하라는 부르심'이다. 교회 공동체는 하나님의 영광과 이웃의 유익을 위한 섬김을 소명으로 받았다.[21]

◆
21) 배리 존스, 앞의 책, p196-197.

거룩한 산 제사를 드리는 삶의 예배는 세상에서 하나님의 뜻을 이루어 가는 디아코니아의 개념으로부터 나온다. 우리는 교회 공동체에서 드리는 공예배를 통해서 우리를 세상 속의 소명자로 살아가도록 빚어 가시는 하나님의 손길을 경험하게 된다. 구체적으로 어떻게 빚어져 가는 것일까? 이에 대한 답을 미국의 영성 신학자 배리 존스(Barry D. Jones)가 그의 책 『Dwell』에서 잘 소개하고 있다. 그는 하나님께서 우리를 예배 속에서 빚어 가시는 과정을 다음 네 단계로 설명했다.[22]

첫째, 예배에서 우리의 신분에 대한 재정의가 일어난다. 우리는 예배하도록 지음을 받았다. 여기서 중요한 것은 '예배하느냐'의 여부보다 '무엇을 예배하느냐'이다. 우리는 예배하도록 지음받은 호모 아도란스(homo adorans)이지만 이 사회 속에서 끊임없이 소비하는 존재인 호모 콘수멘스(homo consumens)로 유혹받고 있다. 자신을 위하고 자신의 것을 채우려는 욕망을 억누르고, 오히려 하나님을 영화롭게 하고, 하나님께서 주신 소명의 삶으로 전환하는 영적 전쟁이 필요한데 예배 속에 이런 일들이 일어난다.

둘째, 예배에서 우리의 감정의 재정렬이 일어난다. 사람은 자신이 사랑하는 것을 예배한다. 그러므로 예배자에게 필요한 것은 자신이 사랑하는 것들에 대한 인식과 감정의 변화이다. 우리는 하나님과 그의

22) 위의 책, p198-204.

나라를 사랑하는 마음의 변화가 필요하다. 이런 변화는 예배 속에서 가능하다. 우리는 예배에서 소명의 삶을 위한 다짐을 하고 그 뜻대로 살 마음의 준비를 시작한다.

셋째, 예배에서 우리의 삶과 세상을 향한 상상 패턴이 바뀐다. 예배에서는 놀랍게도 현실을 뒤집는 새로운 상상이 일어난다. 세상을 향한 하나님의 꿈과 계획을 내 마음속에서 기대하고 그려 내는 것이다. 아무런 상상 없이는 내 삶의 양식을 구체적으로 실현해 낼 수 없다. 예배자는 예배에서 하나님의 인격적인 임재, 하나님의 정의로운 통치, 하나님의 완전한 평화를 경험하고, 하나님의 비전으로 자신의 상상을 가득 채운다. 나는 예배 안에서 이런 상상을 얻으며 기대와 흥분으로 가득했던 청년의 시기가 그리울 때가 있다. 조금씩 나이가 들고, 목회자로 섬기는 시간이 많아지면서 내 마음속에 너무 현실적인 그림만 가득 채우고 있지 않은지 반성하게 된다. 하나님의 나라에 대한 희망, 소망, 기대는 우리 삶을 더욱 힘 있게 하고, 어느 정도의 실패와 희생도 두려워하지 않는 용기를 준다.

넷째, 예배에서 삶의 방향이 재설정된다. 이는 예배에서 일어날 수 있는 너무나 자연스러운 일이다. 하나님 나라를 상상할 때 우리의 삶의 방향과 행동은 구체적으로 계획되기 시작한다. 예배와 삶은 절대로 분리될 수 없다. 우리가 일상에서 잠시 손을 놓고 예배를 드린다고 해서 삶의 현실을 잊어버리거나 무시해서는 안 된다. 진정한 공예배는 우리가 살아가는 사회 속에서 하나님 나라와 내 일상을 연계하여 고민하고, 그 일상에서의 예배적 삶을 꿈꾸는 것이다. 배리 존스는 상상의 그림을 그리는 공예배에 대해 다음과 같이 말한다.

> 우리가 공동예배에서 하나님께 그리고 하나님에 관해 하는 말은 우리가 그분에 관해, 우리 자신에 관해, 세상에 관해 사실이라고 믿는 바를 깊이 형성해야 한다. 그리고 이 믿음은 우리의 일상생활에서 눈에 보이게 나타나야 한다. 하나님의 영광과 이웃의 유익을 위해 삶을 바치도록 우리를 이끌지 못하는 예배는 진정한 예배가 아니다. [23]

---

23) 위의 책, p204-205.

Part 2

예배에 리듬이 있다

예배 리듬, 다소 생소할 것이다. 리듬은 음악에서 많이 사용되는 단어이고, 어떤 규칙적인 장단이나 강약 또는 규칙적인 음의 흐름을 말한다.

우리의 예배에도 리듬이 있다. 시대마다, 교회와 교단마다 조금씩 다른 리듬을 가지고 있기는 하지만 예배는 계속 반복되는 순서와 흐름을 가지는 리듬 속에서 진행되어 왔다. 이 리듬은 단순한 반복 재생처럼 무의미한 것이 아니다. 그리스도인들이 예배 안에서 이 리듬을 통해서 하나님의 백성으로, 소명의 사람으로 형성되어 왔기 때문이다.

음악에서 리듬을 익히는 것은 한두 번 들어 보고 연습해서 할 수 있는 일이 아니다. 수많은 반복과 연습을 통해서 그 리듬을 익힐 수 있다. 믿음의 삶, 부르심의 삶을 살아가는 그리스도인으로의 형성도 그렇다. 성경의 내용을 몇 번 듣고 이해하는 것으로 가능한 일이 아니다. 하나님을 향한 태도, 하나님 앞에 살아가는 삶, 복음을 듣고 이해하고 적용하는 훈련은 한두 번이 아닌 수많은 반복과 훈련 속에서 형성될 수 있다. 이를 위해 경건의 훈련을 반복하는 예배 순서를 예전(Liturgy)이라고 부른다.[24] 이는 우리를 하나님의 사람으로 형성케 하는 예배 리듬이라고 말할 수 있다.

이번 파트에서는 각 예배 리듬으로 어떻게 하나님을 예배하고, 어떤 삶의 예배자로 훈련이 될 수 있는지 살펴보려고 한다. 참고로 이 파트에서 다루는 예배 리듬은 전통적인 예전 예배뿐만 아니라 찬양, 설교, 헌신의 순서로 드려지는 현대식 예배(Modern Worship)를 포함하여 모든 방식의 예배에서 가지는 중요한 순서와 의미들을 아우르는 것을 염두에 두었다.

♦

24) 교회가 공적으로 거행하려고 정한 구조, 본문, 의례 행동에 따라 드리는 예배를 예전(禮典), 또는 전례(典禮, Liturgy)라고 부른다. 일반적으로 고정된 순서와 예식에 따라 드려지며, 문서화된 기도문도 포함되어 있다.

9 예배로의 부름: 나는 예배자다!

예배는 예배로의 부름(the Call to Worship)부터 시작된다. 예배로의 부름은 예배가 시작된다는 개회 선언과 같다. 이는 예배에 참여하는 회중이 단순히 '이제 예배가 시작하는구나' 하고 무심코 지나칠 수도 있겠지만 사실 그보다 훨씬 더 중요한 의미가 있는 순서이다. 예배의 부름을 잘 이해하며 예배에 참여할 때, 우리의 자세는 물론이고 예배의 흐름과 분위기가 완전히 달라질 수 있다.

부름의 선언

예배로의 부름은 하나님께서 우리를 예배로 부르신다는 선언이다. 이 선언은 예배의 사회자가 참석한 회중에게 예배의 시작을 알리는 것이며, 인사이다. 예배를 시작하면서 우리를 부르신 하나님 자신과 우리의 관계를 정의하면서 우리가 영이신 하나님 앞에서 예배드림을 알려 준다.

종교개혁 이전과 종교개혁자 마틴 루터(Martin Luther)의 예배에서는 성가대의 입례송이 예배로의 부름 역할을 했다. 예배를 집전하는 사람과 성가대가 찬송을 부르며 예배당 앞으로 걸어가면서 시작되었다. 종교개혁자 존 칼빈(John Calvin)은 성경 구절을 낭독함으로 예배를 시작했다. 하나님의 명령에 따라 회중이 순종함으로 예배에 참여하는 방식으로 성경 구절을 읽어 회중이 준비된 마음으로 예배에 임하게 했으며,[25] 시편 124:8의 "우리의 도움은 천지를 지으신 여호와의 이름에 있도다"라는 고백으로 예배를 시작했다.[26]

1645년 웨스트민스터에서 스코틀랜드, 영국, 아일랜드의 교회 사역자들이 모여 약속한 웨스트민스터 예배 모범을 보면, 예배는 인도자가 '예배로의 부름'이라는 순서부터 시작하도록 했다. 예배를 인도하는 목사가 엄숙하게 위대한 하나님의 이름을 예배하자고 초대한 후에 기도하며 예배를 시작했다.[27]

정리하면 예배로의 부름은 두 가지로 분류될 수 있다. 첫째는 인도자가 말씀을 선포함으로 예배에 초대하는 것이고, 둘째는 인도자의 선

◆

25) 정장복, 예배학 개론, 예배와설교아카데미, 1999, p157.
26) 문화랑, 앞의 책, p30.
27) 웨스트민스터 예배 모범 '회중의 집합과 공중 예배의 태도'을 살펴보라.

언에 따라 예배에 참석한 회중이 응답하는 것이다. 초대교회 예배 순서의 처음에 있는 인사(Salutation)와 미사의 첫 순서인 수르숨 코르다(Sursum Corda)가 이 예배로의 부름과 응답에 속한다. [28]

기원, 인도하심

예배로의 부름을 예배의 도입부로 본다면, 예배를 위한 기원 역시 이 안에 속한다. 기원(Invocation)은 인도자가 예배를 위해서 기도하는 순서이다. 웨스트민스터 예배 모범에도 이 순서가 포함되어 있다.

기원은 예배의 시작에 있는 짧은 기도이며, 예배 참석자들이 성령님을 통하여 하나님의 임재와 권능을 알고 깨닫게 해 달라는 기원의 성격을 가진다. 이 기원은 예배 참석한 회중의 개인 형편이나 사정에 따라 간구하는 기도가 아니며, 죄를 회개하는 참회의 기도도 아니다. 오직 하나님의 영광을 찬송하며, 성령님의 임재 속에서 진행되는 예배가 되도록 짧게 기도하는 것이다.

예배는 사람에 의해서 진행되지만 영과 진리 가운데 드려져야 온전한 예배가 가능하다. 성령님의 도움 없이는 제대로 예배할 수가 없다. 예배의 인도자가 지나친 열정으로 준비하다 보면 간혹 성령님의

---

28) 초대교회의 예배는 '주께서 여러분과 함께'라는 인사(Salutation)로 시작된다. 수르숨 코르다(Sursum Corda)는 '(주를 향해) 마음을 드높이다'라는 뜻의 라틴어로, 미사를 드릴 때 사제가 드리는 기도이다.

도우심보다 자신의 노력과 실력을 더 의지하며 예배를 인도하는 실수를 범하기도 한다.

기원은 예배자들이 예배를 전적으로 성령님의 인도하심에 맡기고 도우시기를 구하는 순서이다. 예배에 참석하는 모든 회중은 인도자의 기원에 따라 함께 예배에 참여한다. 이때 회중이 인도자의 진행에 이끌려 수동적으로 예배를 시작한다면 진정한 예배가 되기 어렵다. 모든 예배자는 인도자의 기원에 적극적으로 동참하여 함께 기원함으로 예배를 시작해야 한다. 회중 모두가 겸손함으로 성령님께 예배의 도우심을 구하는 것이다.

상황 전환의 의미

최근 교회 청년대학부의 예배나 캠퍼스의 예배는 현대 예배 방식으로 드려지는 경우가 많다. 보통 샌드위치식 순서라고 불리는데, 이는 크게 찬양, 말씀, 헌신의 세 부분으로 구성되어 있다. 일반적으로 찬양을 부르며 바로 예배를 시작하다 보니 예배로의 부름이 빠져 있거나 간략히 인사와 멘트로만 예배를 시작하는 경우가 많다. 그러나 예배의 형식이나 순서가 교회마다, 교단마다, 세대별 예배마다 다를지라도 예배로의 부름으로 시작하는 것은 꼭 필요하다.

왜 예배로의 부름으로 예배를 시작하는 것이 중요한가? 그것은 회중이 하나님께 시선을 두고 예배를 시작하도록 돕는 전환의 시간이기 때문이다. 예배에 참여하기 위해 모인 사람들의 마음과 상황은 각자 다양하고 복잡하다. 이때 회중은 바로 예배에 집중하기 쉽지 않다. 그래서 예배를 드리기 시작할 때 참여자들의 시선과 마음을 각자의 상황들에서 하나님께로 돌리는 전환이 필요하다. 이것이 예배로의 부름의 역할이다. 예배가 시작됨을 공식적으로 알리고, 하나님께서 각 사람을 그 예배의 자리로 부르셨음을 선언함으로 예배가 시작되는 것이다. 회중은 각자의 마음 상태와 관계없이 그 부르심에 응답하며 자신들이 하나님의 임재 앞으로 나아가기를 고백하고 응답한다. 그리고 인도자에 따라 성령님의 도우심과 예수님의 보혈의 권세를 의지하며 하나님을 진정으로 예배할 수 있도록 기원한다. 이런 과정이 바로 예배로의 부름인데, 이는 예배의 첫 단추와 같은 것이다.

온라인에서의 부름

온라인 예배의 경우도 이 예배로의 부름은 너무나 중요하다. 온라인 예배는 상황상 대면으로 예배드리지 못하는 사람들에게는 좋은 대안이 될 수 있는 반면 예배자의 산만함, 준비 부족, 소극적이며 수동적인 참여 등 부정적인 특성들도 함께 공존한다. 온라인 예배의 단점을 보완하기 위해서는 먼저 참여하는 예배자가 신경 써야 할 부분이 많다. 집에서 컴퓨터나 TV를 통해서 비대면으로 예배에 참여하다 보니 예배만 드리는 것이 아니라 동시에 다른 일을 하는가 하면, 녹화된 온라인 예배를 경청하면서 본인이 원하는 부분만 찾아서 듣는 경우도 발생한다.

또한 예배 중의 하나님 임재 의식 결여도 문제이다. 다른 온라인 콘텐츠들을 시청하는 것과 온라인으로 예배드리는 것을 혼동하는 것이다. 온라인 예배는 비록 온라인의 형식을 빌렸다고는 하나 각자의 위치에서 하나님을 예배하는 시간이다. 사람들의 시선이 없을지라도 우리의 마음과 중심을 보시며, 우리의 찬송과 헌신을 통해서 영광받으시는 하나님 앞에 예배하고 있음을 제대로 인식하는 것이 중요하다.

이런 상황을 생각해 보면 역시 비대면으로 드리는 온라인 예배에서도 예배로의 부름의 순서가 중요하다. 각자가 거주하는 집과 일상에서 하나님의 임재로 시선을 전환시키기 때문이다. 온라인을 통해 이끄는 인도자에 따라 하나님의 부르심을 듣고, 응답하고, 성령님의 도움을 구함으로 일상에 있는 예배자가 하나님의 임재 앞에 나아간다. 이것이 예배로의 부름이다.

예배 리듬의 훈련

예배의 부름의 리듬은 예배자로 하여금 항상 하나님 앞에 살아가는 예배자임을 가르쳐 준다. 공예배에서 예배의 부름에 선포되는 성경구절들은 하나님이 어떤 분이신지를 알려 주거나 하나님과 우리의 관계를 정의하는 말씀들이 쓰인다. 이 부름에는 우리를 예배로 부르시는 하나님의 뜻이 분명히 드러나 있다.

예배 때마다 선포되는 예배의 부름의 리듬은 예배의 회중이 일상에서도 예배적 삶을 살아야 하는 예배자임을 가르쳐 주고 있으며, 삶에서 하나님을 기억하고 그분 앞에서 살아가고 있음을 분명히 가르쳐 준다.

10 죄의 고백과 용서:
오직 하나님의 은혜로

예배에는 자신의 죄를 고백하는 회개의 시간이 있다. 이를 두고 어떤 이는 예수님을 통해서 용서받았음에도 불구하고 매번 예배 때마다 자신의 죄를 고백하고 용서받는 것이 필요한지에 대해서 의문이 들 수 있다. 실제로 현대 예배에서는 이 순서가 빠져 있는 경우도 많다.

무능한 우리

칼빈은 죄의 고백 순서를 예배 전반부인 찬양 시간 앞에 두었다. 예배로의 부름과 시편 찬송 사이의 순서다. 웨스트민스터 예배 모범에서는 예배로의 부름, 시작 기도, 구약성경 낭독과 시편 찬송, 신약성경 낭독과 시편 찬송의 순서로 되어 있고, 그다음 죄의 고백과 중보기도 순서가 나온다.

죄의 고백 시간에 늘 비슷한 죄만 고백하고 있는 나 자신을 발견하며 고민했던 적이 있다. "왜 이렇게 똑같은 죄를 반복하는 것이며, 똑같이 용서를 구하는 것일까?" 모두가 공감하겠지만 그런 회개와 고민은 그날로 끝나지 않았다. 부끄럽게도 여전히 반복되고 있다.

예배는 의롭지 못한 자, 온전치 못한 자, 죄인들이 하나님 앞으로 나오는 곳이다. 스스로 죄의 문제를 해결할 수 없는 자, 그래서 죄의 삯 외에는 다른 결과를 기대할 수 없는 자들 말이다. 자신의 인생을 스스로 책임질 수 없음을 인정하는 자들과 능력 없는 자들이 예배로 나온다. 자신의 죄인 됨과 연약함을 고백하는 것은 곧 하나님의 존재를 인정하고, 하나님을 절대적으로 필요로 하는 자임을 고백하는 것과 같은 것이다. 이는 결국 누구를 통해서 우리 죄와 인생의 문제를 해결할 수 있는지에 대한 믿음으로 연결된다.

"예수께서 들으시고 그들에게 이르시되 건강한 자에게는 의사가 쓸데 없고 병든 자에게라야 쓸 데 있느니라 나는 의인을 부르러 온 것이 아니요 죄인을 부르러 왔노라 하시니라"(막 2:17)

그리스도를 통한 구속

신약시대 예배에 일어난 가장 큰 변화는 새 성전, 새 언약 되신 예수 그리스도 중심의 예배가 시작되었다는 것이다. 구약시대에 하나님의 백성들은 성막 또는 성전에서 예배를 드렸다. 그곳은 하나님께서 그의 백성 이스라엘에게 자신의 영광과 통치를 드러내는 곳이었고, 이스라엘 백성에게는 삶의 중심이 되는 곳이었다. 그런데 예수님의 탄생, 죽음, 부활을 통해 성전 중심의 예배에 변화가 생겼다. 하나님께서 약속하셨던 새로운 성전과 새로운 언약으로 대체된 것이다. 이 새로운 성전과 언약은 바로 예수 그리스도이시다. 우리는 복음서에서 예수님께서 자신을 통해 시작될 이 새로운 변화를 알리시는 말씀들을 자주 발견할 수 있다.

"성전보다 더 큰 이가 여기 있느니라"(마 12:6)

"손으로 지은 이 성전을 내가 헐고 손으로 짓지 아니한 다른 성전을 사흘 동안에 지으리라"(막 14:58)

우리의 죄 용서받음과 하나님의 백성 됨은 더 이상 성전에서 제사드리는 것이나 율법을 잘 준수하는 것에 근거하지 않게 되었다. 하나님의 주권과 예수 그리스도를 통한 구속으로만 가능해졌다. 사마리아 수가성에 살던 한 여인은 예수님에게 당시 유대인들이 강조하는 것처럼 예루살렘 성전에서 예배를 드려야 하는지 질문했다. 그때 예수님은 유대인들의 주장과는 전혀 다른 대답을 주셨다. 물론 질문한 여인도 예상치 못한 다른 범주의 대답이었다.

"이 산에서도 말고 예루살렘에서도 말고 너희가 아버지께 예배할 때가 이르리라"(요 4:21)

"아버지께 참되게 예배하는 자들은 영과 진리로 예배할 때가 오나니 곧 이때라"(요 4:23)

예수님은 하나님 백성의 기준이 더 이상 성전이라는 특정 장소에서 예배를 드리거나 율법을 준수하는 것이 아님을 알려 주셨다. 자신들의 외적인 신앙생활 준수, 드러나는 경건 생활의 정도가 하나님의 백성이 되는 기준이 될 수 없음을 알려 주신 것이다.

값없이 주신 은혜

"모든 사람이 죄를 범하였으매 하나님의 영광에 이르지 못하더니 그리스도 예수 안에 있는 속량으로 말미암아 하나님의 은혜로 값없이 의롭다 하심을 얻은 자 되었느니라"(롬 3:23~24)

"그러므로 우리에게 큰 대제사장이 계시니 승천하신 이 곧 하나님의 아들 예수시라 우리가 믿는 도리를 굳게 잡을지어다 우리에게 있는 대제사장은 우리의 연약함을 동정하지 못하실 이가 아니요 모든 일에 우리와 똑같이 시험을 받으신 이로되 죄는 없으시니라 그러므로 우리는 긍휼하심을 받고 때를 따라 돕는 은혜를 얻기 위하여 은혜의 보좌 앞

에 담대히 나아갈 것이니라"(히 4:14~16)

예배 때마다 반복되는 회개 때문에 고민했던 것은 너무나 당연한 일이었다. 나는 반복해서 죄를 지을 수밖에 없는 존재이기 때문이다. 내 힘과 의지로는 죄를 이길 수도 해결할 수도 없다. 그러므로 회개의 본질은 의가 전혀 없는 우리가 자신의 죄인 됨을 고백하는 것과 동시에 전적으로 하나님의 은혜가 필요함을 인정하고 도움을 구하는 것이다.

우리는 예배를 통해 완전하시고 거룩하신 하나님 앞에 설 때마다 더럽고 추악한 우리 자신을 발견하게 된다. 우리는 자신의 죄를 해결할 능력도, 인생의 문제를 해결할 능력도, 그리고 거룩하신 하나님을 만날 자격도 없다. 하나님의 긍휼과 은혜를 겸손히 구하는 것밖에는 할 수 있는 것이 없다.

예배는 하나님의 긍휼과 은혜의 방편으로 우리에게 보내어 주신 예수 그리스도를 믿는 자들의 모임이다. 그러므로 예배는 예수 그리스도를 믿는 믿음 안에서 진정한 구원과 생명이 있음을 믿는 자들이 하나님을 영화롭게 높이는 시간이다.

예배 순서 안에 있는 죄의 고백은 단순히 자신의 죄를 고백하고 용서받는 수준이 아니라 우리 자신이 완전한 죄인임을 고백하고 예수 그리스도를 통한 은혜를 구하는 시간이다. 회중은 이렇게 예수 그리스도를 믿는 믿음에 근거하여 하나님 앞에 나아갈 자격을 얻는다.

긍휼과 겸손의 필요

일반적으로 죄의 고백 후에는 사죄 선언 순서로 이어진다. 이 사죄 선언은 단순히 죄의 용서만을 선언하는 것이 아니다. 우리의 죄는 계속 반복될 것이며, 우리는 여전히 죄인이기 때문이다. 이 선언은 계속 하나님의 주권과 예수 그리스도를 믿는 믿음 안에서 우리가 살 수 있음을 알려 주는 선언이며, 계속 하나님의 긍휼하심을 구하는 겸손함이 필요함을 기억하게 만드는 선언이기도 하다.

한국교회에서 처음 이 사죄 선언이 예배에 도입될 때 어떻게 설교자가 감히 용서의 선언을 할 수 있느냐는 이의 제기가 있었다고 한다. 이 사죄 선언은 설교자나 사람이 아닌 하나님이 우리의 죄를 용서하시는 것을 대신 선언하는 것이다. 그러므로 사죄 선언은 사회자의 임의적인 말보다 성경 말씀으로 선언하여 사람의 권위가 아닌 하나님의 권위로 선언되도록 인도하는 것이 좋다.[29]

예배 리듬의 훈련

죄의 고백과 용서의 리듬은 회중으로 하여금 죄인임과 동시에 하나님의 긍휼과 은혜가 필요한 존재임을 기억하게 한다. 예배로 하나님 앞에 나아갈 때마다 우리의 죄를 기억하고 하나님 앞에 나아갈 자격이

---

29) 정장복, 앞의 책, p167.

없는 우리 자신을 마주하게 된다. 죄의 굴레에서 벗어나지 못하는 우리가 하나님의 백성이 되고, 다시 하나님 앞에 나아갈 수 있는 것은 오직 그분의 긍휼과 은혜 때문이다.

우리의 죄를 사해 주시는 하나님의 긍휼과, 우리에게 새 생명을 주시고 하나님과의 관계를 회복하시는 그분의 은혜 때문이다. 잘 잊어버리고 교만해지기 쉬운 우리는 예배 때마다 우리의 완전한 죄인 됨과 이런 우리를 용서하시고 생명 주시는 하나님의 사랑을 기억하게 된다.

무엇보다 예수 그리스도 안에서 이런 은혜 주셨음을 계속 기억하면서 그분의 제자 된 삶을 살아갈 이유를 명확히 하게 된다. 나의 나 됨은 오직 하나님의 은혜라는 바울의 고백처럼(고전 15:10), 우리도 오늘 온전한 삶을 살 수 있는 것은 하나님의 은혜임을 깨닫게 하는 훈련이 죄의 고백과 용서의 리듬에 포함되어 있다.

11 찬양:
노래로 사랑과 믿음 고백하기

예배에서 찬양은 설교 다음으로 많은 시간이 배정되어 있다. 이 찬양은 예배 순서 중에서 회중이 가장 능동적으로 참여하는 순서이기도 하다. 찬양(讚揚)은 '아름답고 훌륭함을 크게 기리고 드러냄'이라는 사전적인 의미를 가지며, '하나님을 높이고 영광 돌리는 것'을 뜻한다. 찬송(讚頌) 역시 '하나님을 높이고 기리는 것'을 의미하는데, 이는 찬양과 같은 의미로 사용하면서도 일반적으로 하나님을 찬양하는 시나 노래를 지칭하여 사용하고 있다. [30] 우리는 예배 중에 찬송을 통해서 하나님

♦

30) 성경에서는 '찬양'과 '찬송'을 서로 교차하여 사용하고 있다. 개역개정판 성경에서 찬양은 90회, 찬송은 214회 사용되었다. 어거스틴은 찬송을 '노래로 하나님을 찬양하는 것' 또는 '하나님을 찬양하는 노래'로 정의했으며, 이는 633년 제4차 톨레도 종교회의에서도 받아들여졌다고 한다. "하재송의 교회음악이야기," 기독신문, 2018년 6월 22일 수정, 2023년 1월 26일 접속, https://www.kidok.com/news/articleView.html?idxno=109972

을 찬양한다. 오늘날 예배에서 이 찬송의 비중은 점점 더 커지고 있는 추세다.

찬송, 헌신의 고백

예배의 회중 찬송은 종교개혁 이후부터 본격적으로 시작되었다고 할 수 있다. 성경 시대나 초대교회 이후의 예배 역사를 살펴보면, 찬송은 레위인이나 성가대와 같은 특정한 사람들에 의해서 불리지만 종교 개혁 이후 개혁교회 예배에서는 모든 회중이 함께 부르는 방식으로 변화되었다.

루터는 회중 찬송 코랄(chorale, 합창곡)을 만들어서 찬송의 멜로디는 회중이 부르도록 했고 나머지 파트는 성가대가 부를 수 있도록 했다.[31] 또한, 칼빈을 중심으로 한 개혁교회는 새로운 노래를 만들기도 했지만, 오히려 시편 찬양을 회중이 부르기 적합하도록 편곡해서 불렀다. 복잡한 화성이나 기교는 절제함으로 좀 더 말씀 중심의 예배가 되도록 했다고 한다.[32]

17~18세기에는 아이작 왓츠(Iassc Watts)나 찰스 웨슬리(Charles Wesley)가 회중이 부를 수 있는 복음 찬송을 많이 만들어 보급했다. 이

◆
31) 김의작, 교회음악학, 서울총신대출판부, 1981, p185.
32) 홍정수, 교회음악개론, 장로회신학대학출판부, 1988, p161.

시기에는 모든 회중이 예배에서 함께 찬송을 부르는 것이 자연스러워졌다.

1875년 즈음에 영국에서 미국으로 건너가서 복음을 전했던 드와이트 무디(Dwight Lyman Moody)와 그의 친구 아이라 생키(Ira David Sankey)가 만든 찬송도 역시 교회 찬양의 역사에서 빼놓을 수 없다. 생키는 음악가 필립 블리스(P. P. Bliss)와 함께 복음성가 책(Gospel Hymns and Sacred)을 출판했는데, 이 책은 회중 찬양을 널리 보급하는 데 큰 역할을 했다.[33]

1970년대 이후 음반 산업이 활성화되면서 기독교의 찬송도 음반으로 나오기 시작했다. 이 시기 기독교의 찬송 음반들은 빠른 속도로 전 세계에 확산되었으며, 경배와 찬양의 문화를 보급하는 데 큰 역할을 했다. 척 스미스(Chuck Smith) 목사 중심으로 예수 운동(Jesus People Movement)을 일으켰던 갈보리채플의 마라나타 뮤직(Maranatha Music), 다양한 인도자들을 중심으로 경배와 찬양 시리즈를 냈던 호산나 인테그리티(Hosanna Integrity), 은사주의 사역으로 제3의 물결을 일으켰던 빈야드 운동의 빈야드 워십(Vineyard Worship), 호주의 힐송교회에서 시작된 힐송 워십(Hillsong Worship) 등이 음반을 내면서 대중적이고 현대적인 찬송들이 전 세계에 급격하게 확산되기 시작했다.

♦
33) 이유선, 기독교음악사, 기독교문사, 1998, p110-111.

동시대 음악과 함께 발전해 온 이 현대 예배의 찬송들은 이전의 찬송들에 비해 개인의 믿음을 고백하는 곡들의 비중이 컸다. 시편송이나 이전 찬송들의 가사는 주로 하나님을 경배하는 것에 집중했지만, 현대 예배의 찬송들은 예배자 자신의 믿음, 마음, 헌신 등을 담은 고백적인 노래가 많아졌다. 가사의 길이도 짧고 단순해졌다. 평균 네 절로 구성되어 많은 내용을 가사로 담았던 찬송가에 비해 새 찬송들은 가사가 적고, 후렴구를 자주 반복하도록 구성하여 믿음의 헌신과 감정이입을 더 잘할 수 있도록 만들어졌다.[34]

예배 음악의 변화는 단순히 예배에서 음악 장르나 스타일만 바꾼 것이 아니라 예배 전체에도 적지 않은 변화를 가져왔다. 종교개혁 이후 초기의 예배는 설교 말씀이 중요한 비중을 차지했지만, 시대적인 변화와 찬송 문화의 발전으로 예배에서 찬양의 비중이 점점 커지게 되었다.

찬송의 목적

오늘날 수많은 찬송이 있지만, 나는 그 모든 곡이 공예배에서 사용하기에 다 적합하다고 생각하지 않는다. 인도자나 예배 참석자들이 좋아하는 노래라고 해서 무조건 예배에 사용하는 것은 옳지 못하다. 예

---

34) Robb Redman, the Great Worship Awakening, Josssey-Bass, 2002, p54.

배 순서에 있는 찬송은 반드시 예배에 따라 알맞고 신중하게 선곡되어야 한다.

예배 순서에 있는 찬송의 목적은 하나님을 높이는 것이다. 하나님이 누구신지를 이해하고, 하나님의 존재를 높이고, 하나님께서 행하신 일들을 높이는 것이다. 예배 순서의 찬송은 예배자들을 위한 위로, 격려, 믿음, 능력, 기도 응답 같은 주제의 노래보다는 하나님을 영화롭게 하는 노래를 우선하여 선곡하는 것이 좋다.

찬송의 선곡

예배 찬송의 선곡을 위해서 몇 가지 고려되어야 할 부분이 있다.

먼저 찬송의 특성이다. 찬송에는 하나님을 높이는 경배송, 믿음의 고백과 결단을 하는 고백송, 자신들의 신앙과 삶을 위한 헌신송, 하나님 나라를 구하는 부흥송, 서로 축복하는 축복송 등 다양한 주제들이 포함되어 있다. 그중에서 하나님을 높이는 경배송, 부흥송, 고백송 등을 예배 찬양에 우선적으로 선곡해야 한다. 성경의 핵심적인 가르침이 가사로 잘 표현된 곡으로 말이다. 설교 후의 찬양으로는 고백송, 헌신송이 더 적합할 것이다.

둘째는 예배자인 회중이다. 예배 중의 찬송은 참여한 회중이 함께 부르는 찬양이다. 회중이 함께 부르는 찬송을 잘 몰라서 마음과 노래로 하나님을 찬양할 수 없는 곡들이라면 좋은 선곡이라고 할 수 없다.

회중의 연령대와 교회 문화를 고려해서 선곡해야 한다. 새로운 곡들도 선곡할 수 있으나 새 곡은 전체 찬송 콘티의 20퍼센트가 넘지 않도록 하고, 한번 배운 찬송은 주기적으로 자주 부르는 것이 좋다. 또 새로운 찬송은 각 교회의 SNS(단체 카카오톡, 밴드, 페이스북 등)를 통해서 미리 공유하여 익숙하게 하는 것도 좋은 방법이 될 수 있다.

찬송의 방법

예배의 찬송 시간은 단순히 기독교 노래를 부르는 시간이 아니다. 노래로 하나님을 경배하고 찬양하는 시간이다. 회중으로 참여한 각 예배자가 가장 능동적으로 하나님을 경배할 수 있는 시간이다. 하지만 실제 예배에서 회중의 태도가 그리 능동적이지 못한 것 같아서 안타까운 마음이 들 때가 많다. 회중은 예배의 모든 시간에 능동적이며 겸손하게 하나님을 경배하고 찬양해야 한다. 이때, 회중은 다양한 방법으로 하나님을 찬양할 수 있다.

첫째는 믿음의 고백과 선포와 함께 찬양하는 것이다.

"내가 입으로 여호와께 크게 감사하며 많은 사람 중에서 찬송하리니"
(시 109:30)

"너희 의인들아 여호와를 기뻐하며 즐거워할지어다 마음이 정직한 너희들아 다 즐거이 외칠지어다"(시 32:11)

찬송을 부르면서 하나님의 영광을 선포하는 것이다. 다만 지나치게 큰 소리로 선포하면서 다른 회중의 예배를 방해하는 일이 없도록 주의해야 한다.

둘째는 노래와 악기 연주와 함께 찬양할 수 있다.

"기쁨으로 여호와를 섬기며 노래하면서 그의 앞에 나아갈지어다"(시 100:2)

"나팔 소리로 찬양하며 비파와 수금으로 찬양할지어다 소고 치며 춤추어 찬양하며 현악과 퉁소로 찬양할지어다"(시 150:3~4)

성경에는 음악을 통해 하나님을 높이고 찬양하라는 명령들이 많이 나온다. 음악을 사용하여 찬양할 때 지나치게 자기감정에 취해서 예배의 본질이 흐려진다는 우려의 목소리들이 있다. 이는 분명 조심해야 할 부분이다. 이런 우려 때문에 음악을 사용하지 않는 것이 아니라 오히려 더 음악을 잘 사용하는 것이 중요하다. 음악을 사용하는 이유는 음악의 예술적 기능을 통해서 마음과 표현을 다한 경배를 하나님께 할 수 있기 때문이다. 예를 들어 우리가 사랑하는 사람에게 프로포즈를 할 때 음악을 사용하는 것은 음악이 마음을 전달하는 좋은 도구가 되기 때문이다. 우리는 음악의 이런 순기능을 잘 사용하여 하나님께 우리의 마음을 잘 전달하는 예배를 드려야 한다.

셋째, 여러 가지 행동과 함께 하나님을 찬양할 수 있다.

"너희 만민들아 손바닥을 치고 즐거운 소리로 하나님께 외칠지어다"
(시 47:1)

"성소를 향하여 너희 손을 들고 여호와를 송축하라"(시 134:2)

"오라 우리가 굽혀 경배하며 우리를 지으신 여호와 앞에 무릎을 꿇자"
(시 95:6)

"보라 밤에 여호와의 성전에 서 있는 여호와의 모든 종들아 여호와를
송축하라"(시 134:1)

"춤 추며 그의 이름을 찬양하며 소고와 수금으로 그를 찬양할지어다"
(시 149:3)

'손바닥을 치는 것'은 박수를 의미하며, 이는 하나님을 박수로 높이
고 환호하는 찬양의 행동을 의미한다. '손을 들고' 찬양하는 것은 하나
님께로의 완전한 헌신을 뜻한다. 하나님을 위로 높이는 자세이기도 하
고, 하나님 앞에서 완전히 항복하는 태도를 보이는 것이기도 하다. '무
릎을 꿇는' 것은 하나님 앞에서 겸손하게 낮아지고 오직 하나님만 높이
는 태도를 말한다. 일어서는 것은 존경의 마음을 담은 예의의 행동이
다. '춤추는' 것은 하나님으로 인한 기쁨과 즐거움의 표현이다.

사랑과 믿음으로

이와 같이 우리는 하나님을 예배할 때 다양한 모습과 방법으로 찬송할 수 있다. 나의 찬양은 어떤 모습인가? 아마 대부분 점잖은 모습으로 예배에 참여할 것이다. 그 이유에는 여러 가지 원인이 있을 수 있는데, 경건이라는 개념의 오해 때문일 수도 있고, 다른 사람들의 시선을 의식해서 그럴 수도 있다. 수련회나 기도회에서는 좀 더 적극적인 태도와 행동으로 찬양하는 것이 가능하지만, 주일 공예배에서 이런 다양한 행동으로 하나님을 찬양하는 것은 부담스러울 때가 많다. 대면 예배 참석이 여의치 않은 상황에 온라인으로 예배드릴 경우 오히려 반대의 이유로 온전한 찬양으로 예배하지 못할 때도 많다. 교회의 환경과 자신의 환경의 격차로 진행하는 예배에서 동떨어진 느낌이 들어 시청자처럼 예배를 본다든지, 주위의 산만한 분위기나 다른 일을 겸해서 예배하느라 온전히 찬양을 드리지 못하는 경우도 많은 듯하다.

우리가 기억해야 할 것은 예배가 영이신 하나님 앞에서 이루어진다는 것이다. 교회에서 다른 이들과 함께 드리든지 아니면 사정상 온라인으로 예배를 드리든지 분명한 것은 우리가 하나님 임재 앞에서 그분을 높인다는 것이다. 그분을 사랑하고 영화롭게 하고 싶은 마음을 입술의 고백과 행동으로 표현하는 것임을 잊지 말자.

공예배에서 옆에 있는 사람들도 하나님을 예배하기 위해서 함께하고 있는 것이다. 그 사람들보다 하나님을 더 의식해야 하지 않을까? 온라인 예배도 하나님을 예배하기 위해서 참여하는 것이다. 예배에 집중하여 경배할 수 있는 환경을 만들자. 온라인으로 참여하다 보니 당연히 공간적 이질감이 생길 것이다. 이미 예상했고 그럴 수밖에 없는 상황인 만큼 온전히 찬송으로 높일 수 있는 마음과 집중력을 구하며 참여하자. 마음을 다해 찬양하지 못할 이유가 분명 있지만, 그보다 더 주님을 사랑하는 마음이 커질 수 있도록 기도로 간구하고, 찬송으로 크게 동참하는 열심도 우리에게 필요하지 않을까?

예배 리듬의 훈련

찬양의 리듬은 일상에 영향을 끼친다. 가끔 생활 속에서 예배에서 불렀던 찬양을 흥얼거리는 나 자신을 발견하곤 한다. 찬양의 리듬과 감정이 마음속에 남아 있다가 나도 모르게 입속에서 흘러나온 것이다. 이것은 예배에서 반복하여 불렀던 찬양이 진한 마음의 여운으로 남아 있다는 의미이다.

찬양의 리듬은 우리가 하나님을 찬양하는 존재라는 사실을 생각의 영역에서뿐 아니라 마음과 입술의 고백을 통해 일깨워 준다. 음악과 함께 드려지는 찬양은 하나님을 사랑하고, 높이고, 경외하는 우리의 마음을 표현하게 한다. 마음을 다한 찬양은 우리 일상으로 이어져 하나님의 은혜를 기억하고 그분께 도우심을 구하는 기도로 연결된다.

12

설교:
삶의 매뉴얼을 만들게 한다

설교가 예배의 전부는 아니지만, 예배에서 설교의 비중이 큼을 부인할 수 없다. 이는 단순히 설교 시간에 성경 지식을 배우거나 하나님의 위로와 격려를 받을 수 있어서가 아니다. 예배는 하나님과 회중 간의 만남이다. 이때 찬양, 기도, 헌신이 하나님께 마음을 드리는 것이라면 설교는 회중이 설교자를 통해 성경의 내용으로 하나님의 뜻과 진리를 배울 수 있기 때문이다. 이번 장에서는 설교의 의미를 되짚어 보면서 설교를 듣는 회중의 자세에 대해서 함께 생각해 보고자 한다.

성경 읽기와 설교

기독교 예배에서 설교의 비중이 항상 높았던 것은 아니다. 구약의 성막 및 성전 시대의 예배는 설교보다는 제의 의식(희생 제사) 중심이었다. 중요 절기도 희생 제사로 드려졌다. 바벨론 포로기에 들어서면서 이스라엘의 예배는 성전 제사에서 회당 예배로 바뀌었다. 포로 신분이었던 그들은 성전을 따로 지을 수가 없었고, 또한 희생 제사를 드리는 것도 쉽지 않았기에 회당 중심으로 모여서 성경을 읽고 가르치는 것으로 예배를 대체하게 된다. 회당 예배는 '모든 예배는 송축 받으실 여호와를 송축할지어다'라는 기원, '들으라, 우리 하나님 여호와는 한 분뿐이시다'(신 6:4)라는 쉐마(Shema), 네 가지 송축 내용과 열여덟 가지 축원의 내용이 담긴 테필라(Tephillah, 기도), 성경을 읽고 난 후 구절을 해석하는 성경 봉독, 이렇게 네 가지 순서로 진행되었다. [35)]

포로 귀환 이후의 예배는 성전에서의 희생 제사와 회당 예배가 겸해졌다. 신약성경을 보면 예수님의 시대나 초대교회 시대에도 여전히 유대인들이 성전 제사와 회당 예배를 겸하여 예배드리고 있음을 보여주는 기록들이 있다.

초대교회는 말씀과 성찬을 중심으로 예배드렸다. 하지만 시간이 지남에 따라 점점 말씀보다는 형식과 미사 중심의 예배로 바뀌었고, 중세에 이르러서는 예배에서 말씀의 비중이 급격하게 줄어들었다. 성경은 라틴어로만 되어 있어서 라틴어를 모르는 사제나 일반 성도들은 점점 성경을 읽고 배울 수 없었다. 공예배와 개인 신앙생활에서 성경

♦
35) 송인규, 아는 만큼 누리는 예배, 홍성사, 2003, p33.

을 통한 복음을 배우지 못했을 때 기독교는 진리와 멀어져 타락하기 시작했다.

1517년에 루터로부터 시작된 종교개혁 이후, 성경은 자국의 언어로 번역이 시작되어 글을 아는 사람이라면 누구나 성경을 읽을 수 있게 되었고, 공예배에서도 성경 봉독과 말씀을 가르치는 설교의 중요성이 강조되었다.

칼빈과 개혁교회는 예배에서 신구약 본문을 읽었는데, 아직 성경 번역본도 부족하고 글을 모르는 이가 많았던 회중은 이 순서를 통해서 듣는 방식의 성경통독을 할 수 있었다. 또한 매주 시편을 간단한 운율에 맞추어 노래하기도 했는데, 이것이 예배 중 성시교독의 시초라고 할 수 있다.[36]

복음 중심의 신앙

예배에서 설교가 중요한 이유는 무엇일까? 그리스도인의 믿음과 삶을 향하여 가장 직접적으로 하나님의 뜻이 전달되는 시간이기 때문이다. 또 예배에 참여한 회중이 복음에 따라 살아가는 하나님 백성이 되도록 성령님께서 만지시고 바꾸시는 시간이기 때문이다.

회중이 하나님을 기쁘게 하고 영화롭게 하는 것은 단순히 예배에

◆
36) 위의 책, p35.

서 노래와 기도로 믿음을 고백하고 하나님을 높이는 것만으로 되는 것은 아니다. 예배자인 회중이 하나님의 뜻과 부르심에 맞게 변화되고, 삶을 통해서 그 부르심대로 살아갈 때 비로소 하나님을 영화롭게 할 수 있다. 회중을 바꾸시고, 훈련하시는 하나님의 손길은 예배의 모든 순서에서 경험할 수 있지만 그중에서도 설교에서 가장 직접적이고 효과적으로 경험할 수 있다. 하나님은 목회자가 성경을 중심으로 선포한 설교를 통하여 회중으로 하여금 복음의 진리를 믿고, 하나님 나라의 백성으로 살도록 가르치시고 인도하신다.

그렇다면 예배에서 누가 중요한가? 당연히 하나님이시다. 예배는 우리의 필요 때문에 있는 것이 아니다. 하나님을 영화롭게 하는 자리이며, 대상은 오직 하나님이시다. 예배가 회중의 필요와 위로에 초점이 맞춰지면, 예배와 설교는 회중을 위한 것으로 전락하고 만다.

하나님이 중심이 되는 예배에서는 설교도 하나님께로 향한다. 회중이 하나님의 위로와 은혜를 받는 것보다 하나님께서 영광받으시는 것이 예배의 우선이다. 하나님의 복과 능력 속에서 성공하는 삶이 아니라 하나님의 뜻을 이 땅에서 이루어 내는 소명의 삶을 바라고 구하는 예배가 중요하다.

그러므로 설교의 핵심은 단순히 개인의 구원을 뛰어넘어 하나님 나라의 복음이어야 한다. 하나님은 누구신가, 하나님 나라는 무엇인가, 하나님 나라의 회복을 위한 하나님의 언약은 무엇인가, 하나님은 언약의 성취를 위해서 무엇을 하셨는가, 언약 안에서 우리는 누구인가, 복음과 우리는 무슨 관계가 있는가, 그리스도인은 무엇을 믿으며 무엇을 위해 살아갈 것인가 등 성경의 내용을 설교 안에서 배운다. 그러므로 설교는 우리로 하여금 자기중심의 신앙에서 떠나 복음 중심의 신앙으로 바뀌는 데 아주 중요한 역할을 한다.

목회자와 설교에 대한 이해

목회자는 완벽한 사람이 아니다. 하나님의 뜻을 다 아는 사람도 아니고, 항상 실수 없이 그 뜻을 잘 전달할 수 있는 사람은 더더욱 아니다. 그런 목회자의 설교를 회중은 어떻게 신뢰할 수 있을까?

먼저, 목회자와 설교에 대한 이해가 필요하다. 목회자는 교단과 노회를 통해서 강도권을 부여받는다. 이는 공예배에서 설교를 할 수 있도록 주어진 자격이다. 강도권은 교단마다 정해진 기준에 의해서 보통 신학대학원이나 신학교에서 정해진 신학 과목들을 이수하여 졸업하고, 시험(신학 과목들), 신학 소양(소논문, 주해, 설교 등)과 목양 소양(면접을 통한 인성, 목회 비전 등)을 검증하여 통과할 경우에 주어진다.

목사 안수는 한 교회를 목양하고 운영할 수 있는 자로 자격을 부여하는 것이다. 목회자는 현장 훈련과 여러 시험을 통과한 후에 하나님과 교회의 이름으로 목양할 수 있는 목사의 권한을 부여받는다. 어떤 교단은 이 강도권 부여와 목사 안수의 시기를 분리해 두기도 하고, 어떤 교단은 동시에 부여하기도 한다. 분리된 경우에는 강도권만 부여받은 경우 강도사라는 칭호를 준다. '강도사'라는 직함과 돈을 훔치는 '강도'라는 단어가 같아서 간혹 해당 목회자들이 강도사의 '강도'가 그 '강도'가 아니라는 것을 설명해야 하는 재미있는 해프닝이 발생하기도 한다.

설교를 전하는 목회자는 비록 하나님의 뜻을 완벽하게 이해하고 전할 수 있는 존재는 아니지만, 이런 신학 공부와 기준에 부합한 자격을 인정받아서 공예배에서 하나님의 말씀을 전하고 가르칠 수 있도록 권한을 부여받은 사람이다.

하나님 뜻대로 변화하기

예배에 참여한 회중은 목회자의 설교를 통해 어떻게 하나님의 말씀을 들을 수 있을까?

먼저 회중은 목회자의 신학적 소양을 신뢰하며 설교를 들어야 한다. 목회자는 완벽한 존재는 아니지만, 일정한 훈련과 점검 과정을 거쳐서 하나님의 말씀을 가르치도록 하나님과 교회로부터 권위를 받았다. 병원에서 환자가 의사에게 자신의 질병 치료를 의뢰하고 맡기는 것은 의사의 전능성과 완벽성 때문이 아니다. 의사가 의학을 공부하고 훈련받아서 질병을 치료할 수 있는 전문적인 면허를 가지고 있기 때문에 신뢰하는 것이다. 목회자는 성경을 통하여 하나님의 뜻대로 살아가는 믿음과 삶에 대해서 연구해 왔고, 더 나아가 공동체 안에서 회중의 신앙을 돕기 위해 세워진 사람이다. 목회자에 대한 신뢰가 없이는 설교를 통하여 하나님의 뜻을 알아 가기가 어렵다.

목회자의 설교를 통하여 회중에게 하나님의 뜻을 전달하고 그 뜻대로 살아가도록 인도하시는 성령님께 도움을 구해야 한다. 비록 사람인 목회자를 통해서 하나님의 말씀이 선포되지만, 회중 각 사람에게 하나님의 뜻을 전하여 깨닫게 하고 이끄는 것은 성령님께서 하시는 일이다. 성령님은 설교를 통해 회중에게 하나님의 뜻을 전달하시고, 이해하도록 도우시고, 그렇게 살아가도록 인도하신다. 성령님 없이는 아무리 완벽하고 좋은 설교를 들어도 믿음과 변화가 일어날 수 없다. 성령님은 목회자의 설교를 통하여 회중 각 사람이 하나님의 형상으로 회복되고, 그리스도 안에서 하나님과 화목하게 되고, 하나님 나라의 백성으로 살아가도록 각 개인의 형편에 맞추어 가르치시고 인도하신다.

마지막으로 설교는 나의 만족을 위한 시간이 아니라 내가 하나님 뜻에 따라 바뀌는 시간임을 꼭 인식해야 한다. 회중은 설교를 통해 단순한 위로와 만족을 얻기보다는 어떻게 하나님의 뜻에 따라 살 수 있는지 귀를 기울이고, 그렇게 살도록 간구하는 자세를 가지고 들어야 한다. 하나님이 내 요구에 응하시는 예배가 아니라 하나님의 요구에 내가 응하고 변하는 시간이다.

설교의 리듬은 회중에게 하나님의 뜻대로 살아가도록 그분의 뜻이 전달되게 한다. 예배가 모여서 드리는 공예배로 끝나지 않는 이유이다. 설교는 단순히 하나님의 생각 전달이나 회중의 위로와 격려로만 끝나지 않는다. 회중으로 하여금 하나님의 백성으로서 정체성을 명확히 하고, 하나님의 백성답게 살아가는 삶을 그려 내게 하고, 그런 삶을 원하는 소망을 갖게 한다. 설교의 리듬은 예배자로서 삶의 매뉴얼을 만들게 한다.

예배자는 신앙의 연수만큼 설교를 통하여 하나님을 알아 가고, 그분 백성의 삶을 알아 가면서 믿음의 삶에 대한 그림과 상상이 가득해질 수 있다. 이 부분이 공예배와 설교가 존재하는 이유 중의 하나이기도 하다. 모든 사람이 성경을 통해서 이런 하나님을 알고 그분의 뜻을 알 수 있지만, 설명해 주고 가르쳐 주는 도움도 필요하다. 교회의 공예배에서는 목회자의 설교를 통해서 그런 도움과 훈련을 받을 수 있다.

13 헌신과 봉헌:
민음의 삶을 위해서 필요한 것

예배는 하나님을 만나는 시간이며 하나님에 대한 반응이다. 회중은 설교를 통해서 하나님의 뜻을 알게 되었을 때 그 말씀에 반응해야 한다. 예배의 순서에는 이를 위해 설교 시간 뒤에 봉헌 시간이 있다. 보통 봉헌을 헌금으로 인식하기 쉽지만, 오히려 '하나님께 자신을 드리는 헌신'으로 이해하는 것이 좋다. 설교 후의 봉헌 시간은 '하나님의 말씀에 반응하여 감사하며 자신을 헌신하는 시간'이고, 설교 후 기도, 찬송, 헌금 등의 순서가 포함되어 있다.

설교 후 기도
칼빈은 설교를 끝내면서 반드시 기도를 드렸다고 한다. 자신이 전달한 메시지를 성령님께서 믿음의 씨앗으로 뿌리셨으니 계속 그 말씀대로 예배자의 삶을 가꾸시고 결실을 맺게 해달라는 기도였다.[37] 설교자가 기도로 설교를 마무리하며 성령님께 회중의 믿음의 삶을 위해 간구한 것이다.

오늘날 예배의 설교 후 기도는 설교자만의 기도로 끝나기보다는 회중이 함께 기도하는 순서로 되어 있다. 설교를 통해 하나님의 뜻을 알게 된 회중이 그 말씀대로 살기로 결단하고 도움을 구하는 기도를 직접 하는 것이다. 그리고 설교자가 기도로 마무리한다.

예배는 단순히 참여한 것으로 끝나지 않는다. 예배는 그리스도의 제자로서의 헌신을 전제로 둔다. 회중은 공예배의 참여로 예배의 의무를 끝낸 것이 아니라 오히려 예배를 통해 하나님의 부르심대로 살도록 삶의 방향 전환점에 서게 된다. 설교를 들은 회중은 말씀을 듣고 은혜 받는 것으로 끝나는 것이 아니라 그때부터 예배적인 삶을 시작하는 것이다.

봉헌 시간의 기도에는 구체적으로 찬송, 감사, 결단, 간구가 포함되어야 한다. 찬송의 기도는 하나님을 인정하고 높이는 것이다. 예배자가 설교를 통해서 더 알게 된 하나님을 기뻐하며 찬송하는 것이다. 감사는 설교를 통하여 알게 된 하나님의 사랑과 은혜에 감사를 표현하는 것이다. 결단은 하나님의 뜻에 순종하여 살기로 결단하는 것이다. 간

◆
37) 정장복, 앞의 책, p185.

구는 그 결단대로 살 수 있도록 성령님의 인도하심과 도우심을 구하는 것이다.

설교 후 찬송

찬송의 역할이 점점 커지면서 기도로만 했던 봉헌이 이제는 찬양과 함께 드려지고 있다. 예전에는 봉헌 찬양을 주로 찬송가로 불렀는데, 최근에는 새로운 노래를 포함하여 다양한 찬양곡들로 불리고 있다. 부끄럽게도 나는 어린 시절 이 시간을 예배가 거의 다 끝나 간다는 신호로 생각하곤 했다. 그만큼 설교 후의 찬송에 대해서 전혀 의미를 모르고 불렀다는 뜻이다.

설교 후에 부르는 찬송은 앞서 설명한 설교 후의 기도와 같은 의미를 가진다. 노래를 통하여 하나님 말씀에 반응하는 찬송, 감사, 결단, 간구인 셈이다. 회중은 설교 후의 찬송을 통하여 하나님 말씀에 믿음으로 반응하고, 또한 말씀대로 살아가는 삶의 예배를 위하여 하나님께 도우심을 구한다.

헌금

구약시대에는 하나님의 성전을 찾는 이들이 희생의 예물을 들고 가는 것이 당연한 일이었다. 십일조 봉헌은 이스라엘 백성들의 생활 규례로 정해진 규범이었고 하나님의 명령이었다. 신약시대와 초대교회에서 와서는 말씀의 예전이 끝나고 성찬으로 주님의 희생에 참여할 때 떡과 포도주를 드리는 것을 봉헌이라고 불렀다. 이 봉헌은 희생의 예물을 대신하는 것이며, 그들의 몸과 마음을 하나님께 드리는 것을 상징하는 엄격한 순서였다.

초대교회 이후의 헌금은 구약시대처럼 희생 제물을 대신하는 속죄의 의미로 드리는 것은 아니다. 예수님에 의해서 더 이상 희생 제물이 필요 없기 때문이다. 그러나, 감사와 헌신의 의미를 담은 헌금은 여전히 유효하다. 초대교회는 성경의 내용을 기초하여 헌금에 대한 가르침을 예배 가운데 포함시키고자 했다. 헌금은 두 가지의 목적을 가지는데, 하나는 하나님께 감사와 헌신의 의미를 담아드리는 봉헌을 위한 것이고, 또 하나는 가난하거나 필요가 있는 이들을 돕는 구제를 위한 것이다.[38]

예배 중에 봉헌 순서에 이 헌금의 시간을 두는 것은 하나님께 대한 헌신의 의미를 가진다. 현대의 삶에서 돈 없이 살아갈 수 있는 사람은 없다. 자본주의 사회에서 재정은 사람들의 경제 능력을 평가하는 지표가 되기도 하지만, 삶의 모든 일을 위한 기본적인 운용 수단이기도 하다. 부의 가치가 점점 더 높아지고 있는 오늘날의 상황에서 재정의 일부를 헌금하거나 누군가에게 기부하는 것은 쉬운 일이 아니다. 헌금은

◆
38) 송인규, 앞의 책, p126.

금액에 관계없이 헌금 그 자체가 하나님께 드리는 헌신이다. 헌금은 자신의 귀한 것을 드리는 것이기 때문이다. 예배자는 하나님께서 주신 사랑과 은혜에 감사하고, 또한 주님의 뜻에 따라 살기로 헌신하면서 자신을 봉헌하고 그 증표로 자신의 것 일부를 함께 드리는 것이다. 각자의 상황과 형편에 맞게 헌금으로 드리되 하나님을 사랑하는 마음이 절대 빠져서는 안 된다. 의무나 강요 때문이 아니라 하나님을 사랑하기 때문에 드리는 것이다. 청지기의 마음으로 내게 있는 하나님의 것들의 일부를 드림으로 감사하는 것이다.

이 헌금을 통하여 하나님의 나라가 이 땅에 세워지는 데 잘 사용되도록 기도해야 한다. 하나님이 영광받으시고, 하나님의 창조 세상이 온전히 회복되고, 가난하고 소외된 사람들을 돕는 일에 잘 사용되도록 드림과 함께 중보가 포함되어야 한다.

교회는 재정을 사용할 때 이전보다 더 신중함과 투명성을 가져야 한다. 재정을 사용함에 있어서 공동체의 합리적이고 이성적인 협의 속에서 운영되어야 하고, 교회 내부적인 일들뿐만 아니라 선교와 대사회적인 목적을 위해서도 잘 사용되어야 한다. 최근 몇몇 불의한 교회들 때문에 헌금의 이런 목적이나 투명성이 약해지고, 교회 내외적으로 재정 사용에 대한 신뢰를 잃어가는 것 같아 안타깝다. 교회 재정의 신중함과 투명성의 결여는 하나님께 드리는 봉헌의 의미를 약화시키고, 이는 자연스럽게 헌금에 대한 사람들의 부정적인 인식을 불러온다.

가장 능동적인 참여

봉헌과 관련하여 한 가지 더 짚고 넘어가자면, 예배에서 회중으로 참여한 예배자가 가장 능동적인 참여를 할 수 있는 시간이 바로 이 봉헌 시간이다. 설교 전의 찬송은 정해진 노래와 가사에 따라 고백하고, 설교는 듣는 입장이므로 다소 수동적이다. 그러나 설교 후의 봉헌 시간은 예배자가 능동적으로 참여할 수 있다. 각자가 말씀에 비추어 자신의 삶과 행동을 회개하기도 하고, 말씀에 따라 살아가는 삶을 위해서 헌신을 결단하며 도움을 구하는 가장 개별적이고 적극적인 시간이기 때문이다.

만일 온라인 예배를 드린다 하더라도 동일하다. 온라인 예배에서도 역시 봉헌 시간이 가장 능동적으로 참여 가능한 때이다. 각 예배자가 어디에 있는지 관계없이 어떤 특정한 건물에만 머물지 않으시고, 하늘을 보좌로 삼으시고, 땅을 발등상 삼으시는 하나님께서 그 예배를 받으신다. 예배자는 있는 그곳에서 하나님 앞에 나아가 믿음의 고백을 드리며 헌신할 수 있다. 컴퓨터나 스마트폰을 뛰어넘어 하나님의 임재 앞에서 말이다.

예배 리듬의 훈련

헌신과 봉헌의 리듬은 예배자로 하여금 믿음대로 살아가는 헌신의 결단, 도우심을 구하게 한다. 복음은 단순히 종교적인 정보가 아니다.

복음 안에서 우리는 인격이 형성되고, 삶의 이정표를 발견하고, 삶을 살아 낼 매뉴얼을 만들 수 있다. 그리고 하나님의 인도하심과 사랑 속에서 살아감을 늘 깨닫게 한다.

예배에서 이 리듬을 통해 우리는 믿음대로 살아가는 삶을 결단하고, 하나님의 도우심을 구하는 훈련을 받는다. 우리는 생각으로는 기도와 간구 속에서 믿음의 삶을 살 수 있음을 알고 있지만, 솔직히 기도와 간구하는 무릎이 약하다. 이 리듬은 우리로 하여금 일상에서 하나님의 뜻대로 살기를 구하고, 또한 하나님의 도우심을 구하는 기도를 실제로 할 수 있도록 만드는 훈련이다.

14

성례:
믿음의 경주를 포기할 수 없는 이유

성례는 초대교회 이후 가장 오랫동안 변함없이 예배에서 빠지지 않은 중요한 순서다. 성만찬은 초대교회 때부터 주일마다 진행되었지만, 종교개혁 이후로는 교회 일정에 따라 연중 서너 번으로 줄어들었다. 성례는 교회의 3대 표지(signs) 중의 하나로, 외형적으로 보이는 의식을 통해 하나님의 은혜를 기념하고 감사하는 순서다.[39]

종교개혁 이전의 가톨릭교회에서는 일곱 가지의 성례로 진행되었다. 영세(영혼이 중생하는 일), 견진(중생한 영혼이 성령을 받는 것), 성체(그리스도의 몸과 피를 받는 성찬), 고해(영세 이후 지은 죄를 용서받음), 종부(죽음에 대비해 남은 모든 죄에서 정결하게 됨), 신품(직분자에 대한 임명), 혼배(결혼 의식)의

---

39) 교회는 말씀의 진정한 선포, 성례의 정당한 거행, 권징의 성실한 시행의 3대 표지를 가진다.

일곱 가지 성례(칠성사)가 있었다. 그러나 종교개혁 이후 교회는 세례(영세 해당)와 성찬(성체 해당)만을 온당한 성례로 인정하면서 이어 오고 있다.

세례의 의미

세례는 '예수 그리스도를 하나님의 아들과 자신의 구주로 믿음을 하나님과 교회의 공동체 앞에서 공식적으로 고백하고 약속하는 예식'이라고 정의할 수 있다. 송인규 교수는 그의 책 『아는 만큼 누리는 예배』에서 세례의 의미를 다음 세 가지로 정리했다.[40]

첫째, 세례는 삼위 하나님의 소유가 되어 하나님과의 생명적 교제를 가진다는 의미를 가진다. 세례받는 사람은 하나님의 백성이라는 새로운 신분이 생기는 것이며, 또한 하나님과의 새로운 관계를 가지게 된다. "그러므로 너희는 가서 모든 민족을 제자로 삼아 아버지와 아들과 성령의 이름으로 세례를 베풀고"(마 28:19)

둘째, 세례는 예수 그리스도와의 연합을 나타낸다. 구체적으로 그리스도의 죽음, 장사 지냄, 부활에 함께 연합하는 것이다. "그러므로 우리가 그의 죽으심과 합하여 세례를 받음으로 그와 함께 장사되었나니 이는 아버지의 영광으로 말미암아 그리스도를 죽은 자 가운데서 살

◆
40) 송인규, 앞의 책, p148-149.

리심과 같이 우리로 또한 새 생명 가운데서 행하게 하려 함이라 만일 우리가 그의 죽으심과 같은 모양으로 연합한 자가 되었으면 또한 그의 부활과 같은 모양으로 연합한 자도 되리라"(롬 6:4~5)

셋째, 세례는 그리스도의 몸으로 병입(incorporation, 구성)을 표시한다. 이는 예수 그리스도의 몸 된 교회 공동체의 일원이 된 것을 의미한다. "우리가 유대인이나 헬라인이나 종이나 자유인이나 다 한 성령으로 세례를 받아 한 몸이 되었고 또 다 한 성령을 마시게 하셨느니라"(고전 12:13)

믿음의 시작, 세례

세례는 한 사람이 교회에 다니고 신앙생활을 시작하면서 기독교인이 되었음을 알리는 의례적인 통과 절차가 아니다. 또한, 이 세례를 받음으로 구원을 확정받은 것으로 생각하여 세례 이전과 다르지 않게 살아간다면 세례를 정말 무의미하게 만드는 것이다.

세례는 회심의 외형적인 표현이라 할 수 있다. 회심의 핵심은 자신의 죄인 됨을 고백하는 회개와 예수 그리스도를 통하여 진정한 용서와 생명을 얻을 수 있음을 받아들이는 믿음이다. 그러므로 세례는 보여 주는 행사나 통과의례가 아니라 진정한 삶으로의 전환점이라 할 수 있다.

세례를 받는 사람은 하나님과 공동체 앞에서 예수 그리스도를 통하여 인생의 방향을 돌려 하나님의 뜻대로 살기를 결단하고 고백한다.

또한, 세례 받는 사람을 축하하는 회중은 단순히 축하만 해 주는 것이 아니라 그가 믿음이 자라고 예수 그리스도를 주인으로 모시는 진실된 삶을 살도록 중보하고 돕는 공동체가 되어야 한다. 세례는 개인의 일이 아니라 함께 예배드리는 교회 공동체 모두의 일이다.

성찬의 명칭

미국에서 여러 교회의 예배에 참여하면서 알게 된 것은 성찬에 대한 용어가 다양하다는 것이다. 한국교회는 '성찬'이라는 말로 통일되어 있지만, 서구 교회들은 교단이나 교회의 특성과 의미에 따라서 성찬에 다양한 이름을 사용하고 있다.

주의 만찬(Lord's Supper): 성경에서 나오는 용어를 그대로 사용한 명칭이다. "그런즉 너희가 함께 모여서 주의 만찬을 먹을 수 없으니"(고전 11:20) 주의 만찬은 주님께서 잡히시던 날 밤 제자들과 함께 앉은 식탁에서 제정해 주신 성찬을 의미하며, 이는 단순히 성도들이 음식을 가져와서 먹고 마시는 것과 구분하는 의미로 사용된 용어이다.

축사(Eucharist): 감사라는 말에서 유래한 헬라어 '유카리스트'는 마태복음 26:26~27, 고린도전서 11:24에서 찾아볼 수 있다. 예수님께서 최후의 만찬에서 떡과 잔을 나누기 전에 하나님께 감사하기 위해 사용한 용어이다. 이 감사는 그리스도의 살과 피에 대한 감격적 은총을 경험하고 참여하면서 가지는 감사를 의미한다.

성찬(Holy Communion): '하나님과 거룩하게 교통한다'는 의미를 지닌 명칭이다. 커뮤니언(Communion)은 코이노니아에서 온 말로 '한 목적 아래 참여하는 무리들이 정신적 또는 물질적으로 공동의 생활을 영위해 가는 것'을 의미한다. 성찬에 참여하는 교회는 그리스도의 몸과 피에 참여하는 거룩한 공동체가 되는 것이다.

미사(Mass): 가톨릭의 성찬 의식을 가리키는 명칭이며, 라틴어 'Missa'에서 왔다. 이 명칭은 '보내다' '떠나보내다' '파견하다'라는 뜻을 가지고 있다. '주님의 몸과 피를 기념하는 의식이 끝났음'을 알리는 이 단어는 가톨릭교회의 성찬을 지칭하는 명칭이 되었다.[41]

교회는 이와 같이 각자의 신학과 상황에 따라서 성찬의 명칭을 다양하게 사용해 오고 있지만, 명칭에 따라서 성찬의 본질이 달라지는 것은 아니다. 다만 다양한 명칭을 통해서 성찬에 대한 통전적인 의미를 잘 이해하고 참여하는 것이 중요하다.[42]

성찬의 의미

로마 가톨릭교회는 집례자인 사제가 떡과 포도주를 앞에 놓고 축사하는 순간에 그 떡과 포도주가 그리스도의 몸과 피로 변한다고 해석

---

41) 위의 책, p152-154.
42) '통전적'이라는 용어는 전체적, 총체적, 포괄적이라는 용어와 유사한 개념인데, 여러 요소를 모아 하나로 묶었을 때 각 구성 요소에서 볼 수 없었던 새롭고 종합적인 특성을 의미한다.

했다(화체설). 종교개혁자 루터는 제단 위의 떡과 포도주는 단순히 예수님의 은총의 음식일뿐만 아니라 육안으로 볼 수 없는 예수님의 몸과 피가 그 음식과 함께 한다고 부분적으로 수정하여 해석했다. 떡과 포도주 자체에 무슨 변화가 생기는 것은 아니지만, 동시에 떡과 포도주에 그리스도의 몸과 피를 포함하여 전인격이 신비스럽고 기적적인 방식으로 임재한다는 것이다(공재설).

그러나 또 다른 종교개혁자 울리히 츠빙글리(Ulrich Zwingli)는 고린도전서 11장에 근거하여 그리스도의 피와 살을 기념하는 것 이상의 의미를 부여하는 것을 거부했다(기념설). 칼빈은 그리스도의 몸과 피가 성찬에 임재하지 않고 장소적으로 오직 하늘에만 임재할지라도, 성도는 성찬에서 떡과 포도주를 받을 때 그에게 생명의 감화력이 전달되는 것으로 보았다(영적임재설). [43]

예수님은 사람들이 먹고 마시는 기본적인 일상의 예를 통하여 자신을 기억하고 감사하도록 하셨다. 예수님께서 인간으로 이 땅에 오시고, 십자가에서 죽으시고 부활하신 사건을 기억토록 하셨는데, 힘들게 준비하거나 생소하고 특별한 행사를 통해서 하도록 하지 않으셨다. 일상에서 먹고 마시는 떡과 포도주를 통해서 때마다 예수 그리스도를 기억하고, 그분을 따르는 삶에 대해서 기억하도록 하신 것이다.

◆

43) 정장복, 앞의 책, p246-252, 송인규, 앞의 책, p158-160.

이런 의미에서 성찬은 예배를 예수 그리스도 중심으로 만들게 하는 중요한 요소가 된다. 예배는 개인의 만족과 간구를 위한 종교 행사가 아니라 하나님과 그 아들 예수 그리스도께서 죽음과 부활을 통해서 행하신 일을 기억하고, 감사와 찬양과 헌신으로 반응하는 시간이다. 성찬은 구체적인 형식을 통해서 하나님과 예수 그리스도를 기념하고 영화롭게 하는 시간이다.

팬데믹 상황에서도 온라인 성찬을 시행하는 교회가 있는가 하면, 조심스럽게 대면 예배를 위한 개인 성찬 키트를 사용하는 교회들도 있었다. 그 어느 쪽이든 여러모로 성찬의 시간을 가지기가 쉽지 않았던 것이 현실이다.

여의치 못한 상황이 이어질 경우, 예배 속에서 성찬의 중요한 요소를 잘 녹여서 진행하거나 성찬의 내용을 담은 특별 기도 시간을 갖는 것도 괜찮은 대안이 될 수 있을 것 같다. 중요한 것은 예배 속에서 예수 그리스도를 기억하고, 그분께 감사와 영광을 돌리는 것이며, 또한 그분을 따르는 삶에 대한 헌신과 도움을 구하는 것이다. 이 부분을 우리의 예배에서 간과하지 하지 않았으면 좋겠다.

예배 리듬의 훈련

성례의 리듬은 예수 그리스도가 우리에게 생명을 주시고 회복을 허락하시는 하나님의 은혜이며, 새 언약이시라는 것을 기억하게 한다.

예수님의 죽음과 부활은 그분을 믿는 자들의 죄의 문제가 해결되고 영원한 생명을 주시는 하나님의 사랑의 방법이다.

하나님과 함께 높임받으실 예수님께서 이를 위해 가장 낮은 자리로 내려오시고, 십자가에서 그 언약을 성취하셨음을 기억하고 감사하는 성례의 리듬은 우리로 하여금 주어진 생명의 삶에 감사하고 믿음의 경주를 포기하지 않게 한다. 먹고 마실 때마다, 일상의 삶을 살아가면서 항상 그리스도의 희생과 사랑으로 주어진 우리의 삶에 감사하는 것이다. 예수 그리스도의 성육신과 십자가의 사건 없이는 우리에게 주어질 하나님의 은혜도 영생도 없기 때문이다.

15 축도와 파송:
축도와 파송:
하나님의 동행을 기억하게 한다

유년 시절에 교회를 다녔던 사람이라면 목사님의 축도를 장난삼아 따라 해 본 경험이 한 번쯤은 있을 것이다. 목사님은 어김없이 예배의 마지막 순서에 두 팔을 벌리고 축도를 하시는데 늘 비슷한 문구로 축도를 하셔서 어렵지 않게 외울 수 있었다. 솔직히 나는 어린 마음에 축도가 예배의 끝을 알리는 신호여서 반가운 시간이기도 했다.

축도가 예배를 마무리하며 끝을 알리는 의미만 가진 것은 아니다. 물론 하나님의 복을 받는 유무를 결정하는 것도 아니다. 어른들 중에는 예배를 다 드린 후에 축도를 받지 않으면 하나님의 복을 받을 수 없다고 생각하는 분들도 종종 있었다. 학생부 행사 준비나 부서 모임 때문에 일찍 나가야 하는 일이 생겨도 축도가 끝날 때까지는 절대로 예배에서 빠져나가는 것이 용납되지 않았다. 물론 예배를 끝까지 드리는 것이 맞지만, 축도를 받지 않고 나가면 모든 예배가 무효이며, 하나님의 복을 받지 못한다는 말에는 의구심이 들었다.

복의 근원

축도는 축복기도의 줄임말이다. 축복은 '복을 빌다'라는 뜻이고, 축복기도는 '(하나님의) 복을 빌어 주는 기도'라고 정의할 수 있다. 축도는 영어로 '베네딕션(Benediction)'이라는 단어를 사용하는데 이 역시 '행복을 빌다', '축복하다'라는 뜻을 가지고 있다.

축복을 간략히 설명해 보면, 하나님은 우리에게 복을 주는 분이시고, 사람은 다른 이에게 복을 주는 것이 아니라 하나님의 복을 빌어 줄 수밖에 없다. 그래서 엄밀히 말하면 우리가 서로를 위해서 축복하는 것은 하나님의 복을 빌어 주는 것으로 이해할 수 있다.

평소에 다른 사람에게 할 수 있는 축복기도, 축복송, 축복의 말은 누구나 할 수 있다. 하지만, 예배의 마지막 순서인 축도는 그렇지 않다. 구약시대에는 하나님께서 아론과 그의 아들들에게 이스라엘 자손을 위하여 축복하도록 하셨다.

"여호와께서 모세에게 말씀하여 이르시되 아론과 그의 아들들에게 말하여 이르기를 너희는 이스라엘 자손을 위하여 이렇게 축복하여 이르되 여호와는 네게 복을 주시고 너를 지키시기를 원하며 여호와는 그의

얼굴을 네게 비추사 은혜 베푸시기를 원하며 여호와는 그 얼굴을 네게
로 향하여 드사 평강 주시기를 원하노라 할지니라 하라"(민 6:22~26)

하나님은 자신의 이름으로 백성들을 축복할 때, 그들에게 복을 주
겠다고 약속하신다. 이 약속은 오랜 시간 동안 이스라엘 백성이 드리
는 성전과 회당의 예배에서 계속 선포되어졌다.[44] 신약시대에는 사도
들이 삼위일체 하나님에 대한 이해를 바탕으로 한 축복의 선언을 더
구체화시켜서 선포했다. 대표적인 예로 바울의 축복이 있다.

"주 예수 그리스도의 은혜와 하나님의 사랑과 성령의 교통하심이 너
희 무리와 함께 있을지어다"(고후 13:13)

이 말씀은 오늘날 예배의 마지막 순서에 있는 축도의 기준이 되고
있다.

예배의 마지막 순서

오늘날 예배의 마지막 순서인 축도는 공예배의 성격상 목회자에게
위임되어 있으며, 다음 세 가지의 의미를 가지고 있다.

◆
44) 정장복, 앞의 책, p194.

첫째, 예배의 마지막 순서인 축도는 단순히 목회자가 회중을 축복하는 기도의 수준을 넘어서 하나님이 복을 내려 주심을 선언하는 것이다. 성공회나 가톨릭에서는 하나님으로부터 복이 내려옴을 의미하는 '강복(降福)'이라는 말을 사용하기도 한다. 목회자는 공예배의 마지막 순서에 하나님의 복이 회중에게 각각 임하기를 선언함으로 예배를 끝마친다.

둘째, 이 복의 선언은 하나님께 예배를 드린 회중들을 각자의 삶으로, 일터로, 사회로 파송하는 것이다. 예배는 단순히 모여서 예배하는 행위만을 의미하지 않는다. 예배는 삶의 헌신이며, 각자의 존재와 중심과 마음을 다해 삶으로 살아 낼 때 완성된다. 예배는 반드시 하나님을 섬기는 삶으로 이어져야 한다. 이 복의 선언은 공예배를 통해 하나님을 높이고, 하나님의 뜻대로 살기 위해 각자의 삶으로 가는 예배자들을 축복하는 것이다. 이 복의 선언은 믿음의 선한 싸움을 살기 위해서 출정하는 군대를 위한 출정 및 파송 선언이며, 동시에 축복의 선포이기도 하다.

마지막으로, 이 복의 선언은 진정한 복과 의미를 깨달아 그대로 살아가도록 선포하고 기도하는 것이다. 이 복은 오늘 시대가 말하는 복과는 다르다. 사람들이 바라고 기대하는 물질적 부유함이나 외적 성공, 영예를 우선으로 여기는 것이 아니라, 오히려 어떤 상황 속에서도 믿음을 저버리지 않고, 부르신 소명대로 살도록 격려하고 중보하는 선언이라 할 수 있다.

축도의 리듬은 예배자에게 삶의 예배로의 연장이 필요함을 알림과 동시에 하나님의 보호와 인도가 자신의 일상에서 계속 이어짐을 알게 한다. 하나님은 예배하는 장소에만 머물러 계시는 분이 아니다. 하늘을 보좌로 삼으시고, 땅을 발등상 삼으신다는 성경 말씀처럼(사 66:1, 행 7:49) 이 땅에 하나님의 임재가 없는 곳이 없다. 우리 일상의 모든 일은 하나님 앞에서 이루어진다. 공예배가 끝나고 일상으로 돌아온 예배자는 역시 하나님 앞에서 살아가는 인생이다. 어디를 가든지 보호하시고 살피시는 하나님의 시각에서 벗어날 수 없다.

예배 때마다 반복되는 축도의 리듬으로 우리는 일상이 하나님의 살피심과 보호하심 속에 있음을 기억하고 감사할 수 있으며 평안을 얻는다. 또한 우리의 삶이 하나님 앞에서 죄와 싸우는 거룩을 위한 믿음의 경주이며, 부르심대로 살아가는 소명의 삶인 것을 잊지 않고 살아갈 수 있다.

Part 3

왜 교회가 예배 공동체인가?

교회는 예배하는 공동체이다. 교회가 해야 할 일들이 많지만, 그중에서 가장 중요한 것은 예배라고 할 수 있다. 그리스도인은 교회를 통하여 예배하고, 복음을 배우고, 믿음을 세워 왔다. 예배와 관련하여 교회를 생각할 때 두 가지를 꼭 유념할 필요가 있다. 하나는 교회가 예배 공동체임과 동시에 예배 훈련 공동체라는 것이다. 예배는 하나님을 영화롭게 하는 것이며 교회의 가장 중요한 일이다. 나아가 교회의 일원인 성도로 하여금 하나님을 예배하는 한 사람으로 교육하고 훈련하는 것도 교회의 중요한 역할이다. 그리스도인은 교회에 함께 모여서 하나님을 경배하고 영화롭게 하는 예배를 드려 왔다.

다른 하나는 예배와 관련된 이슈들을 논의할 때, 무엇보다 교회와 함께 고민해야 한다는 것이다. 예배가 교회의 중요한 사역인 만큼 예배를 교회와 분리해서 생각할 수 없다. 예를 들어, 우리 교회가 온라인 예배가 가능한지를 고민할 때 예배를 교회론(조직신학에서 교회와 관련된 부분)과 함께 논의해야 한다. 우리 모두 알다시피 사회적 거리두기로 한 번도 고려해 본 적이 없던 온라인 비대면 예배를 시행하게 되면서 예배와 관련된 다양한 고민을 하게 되었다. 온라인 예배가 온전한 예배가 될 수 있는가? 온라인 예배 외에 다른 대안은 없는 것인가? 이런 상황에서 온라인으로라도 예배를 드려야 하는 것인가? 등 온라인 예배와 관련하여 교회 안팎으로 다양한 논의들이 오갔다. 이런 논의가 오갈 때 더 바른 결론을 내기 위해서 온라인 예배가 조직신학의 교회론과 예배신학에 근거하여 타당한지를 따져 보는 것이 필요하다. 예배는 교회의 중요한 본질 중의 하나이고, 또한 교회 공동체와 함께 시작되었기에 예배와 교회의 관계는 떼려야 뗄 수 없는 필연적인 관계이다. 이런 시대적인 상황을 반영하여 이번 파트에서는 교회의 특성과 관련하여 예배가 놓치지 않아야 할 점을 살펴보고자 한다.

16

교회:
교회가 건물이 아니라면?

구약의 이스라엘은 하나님을 예배하는 민족이었다. 하나님은 그들을 택하셨고, 애굽에서 이끌어 내셨고, 약속의 땅으로 인도하시면서 성막과 제사를 통한 구체적인 예배 방법을 알려 주셨다. 이스라엘 백성들은 하나님께서 가르쳐 주신 방법대로 예배했다. 신약에서는 예수님의 탄생, 부활, 승천과 함께 교회라는 신앙 공동체가 생겼는데, 이 역시 예배하는 공동체였다. 예배에는 사도들의 가르침이 있었고, 찬송과 기도가 있었고, 성도의 교제와 나눔이 있었다. 그 이후부터 오늘날까지 교회는 예배드리는 공동체로 이어져 왔다.

예배하는 공동체

영어권에서 교회를 뜻하는 단어 'church'의 용도를 살펴보면, 통상

1) 교회 건물 2) 예배 3) 교회를 구성하고 있는 회중 4) 성직 5) 교단을 가리키는 말로 사용된다.[45] 일반적으로 사람들은 교회를 교회 건물로 생각한다. 그래서 특정한 교회를 지칭하면 한 지역에 위치하고 있는 어떤 교회 건물을 연상한다. 틀린 것은 아니다.

그러나 교회는 단순히 건물만을 말하는 것이 아니라 예수를 믿고 따르는 사람들의 무리로서 교회를 구성하고 있는 사람들인 회중을 의미하기도 한다. 영어 표현에서는 누군가가 목회자 된다고 할 때에도 'church'라는 단어가 사용되기도 하며, 장로교, 감리교, 침례교 같은 교단을 표기할 때도 역시 이 단어를 사용하고 있다.

교회에는 중요한 의미가 한 가지 더 있는데, 바로 예배를 의미한다는 것이다. '예배가 끝난다', '예배 후', '예배드리러 간다'라는 영어 표현에 이 'church'가 사용된다. 이와 같이 교회는 예배 또는 예배드리는 회중과 밀접한 관계가 있다.

이는 성경에서도 찾아볼 수 있다. 먼저 구약성경의 히브리어 단어 '카할'과 '에다'는 교회를 지칭하는 단어들인데, 카할은 하나님의 언약과 관련되어 '하나님의 백성'을 가리키고, 에다는 '회막을 중심으로 모인 회중'이라는 의미를 가지고 있다. 그러므로 교회는 예배드리는 회중을 의미한다.

◆
45) 최홍석, 교회론, 솔로몬, 1998, p19.

신약성경의 사도행전 2장에는 초대교회의 모임을 엿볼 수 있는 기록이 나와 있다. 복음을 받아들여 처음 그리스도인이 된 사람들이 함께 모였다. 사람들은 그 모임에서 세례를 받고, 사도들을 통해 신앙 훈련을 받고, 함께 찬송하고, 기도하고, 먹고, 또한 서로 재정적인 도움을 주기도 했다. 이는 교회의 초기 모습을 보여 주는 기록이다. 이처럼 교회는 예수 그리스도에 관한 복음을 듣고, 그리스도의 제자로 살기로 약속한 사람들의 공동체인데, 그 중심에는 예배가 있다. 교회는 함께 예배하고, 함께 세워져 가는 공동체이다.

하나님 나라를 품다

교회는 종말론적 구원 공동체라고도 말할 수 있다.[46] 하나님 나라의 백성으로 초대받은 사람들의 공동체이며, 하나님 나라의 부르심과 복에 동참하는 사람들의 공동체이다. 그리스도인은 예수님께서 다시 오실 때를 기억하며, 오늘 이 땅에서 하나님 나라를 품고 살아간다. 비록 이 땅에서 살아가지만, 하나님 나라의 백성으로 성경적 가치관과 삶의 양식을 가지고 살아가는 사람들의 공동체가 교회이다. 그렇다고 교회와 하나님의 나라가 동일한 것은 아니다. 교회보다 하나님의 나라가 더 크고 포괄적인 개념이다. 교회는 하나님 나라의 일부를 이 땅에

---

46) 위의 책, p34.

서 경험하고, 하나님의 통치 가운데 살아가고, 하나님 나라의 구원을 소망하는 사람들의 공동체인 것이다.

교회가 이렇게 하나님 나라와 영광을 품은 자들의 공동체라면, 그들이 함께 모였을 때 무엇을 하겠는가? 교제를 비롯하여 많은 일을 할 수 있지만, 하나님을 찬양하며 영화롭게 하고, 하나님의 뜻을 배워 가고, 하나님의 뜻에 따라 각자가 어떻게 살아갈 것인가를 배우고 고민하는 일이 이 공동체 목표의 핵심일 것이다. 이런 일들은 예배에서 일어나고 있다.

처음 그리스도인이 된 사람들은 앞으로 어떻게 예수 그리스도를 통하여 하나님의 백성답게 살아갈 수 있는지, 어떻게 인생을 살 것인지, 무엇을 위한 인생을 살 것인지에 대한 의문이 생긴다. 그러한 필요들은 교회를 통해서 채울 수 있다. 그리스도인은 함께 모여서 찬송하고, 기도하고, 복음과 믿음의 삶에 대해서 배우고, 사랑을 실천하고, 믿음이 기초된 삶을 살아가도록 서로 훈련하고 세워 가는 시간을 가져왔다. 이것이 예배이다.

교회를 뜻하는 헬라어 '에클레시아'는 사도행전에서 처음으로 사용되었다. 이 단어는 조직된 기독교 회중 또는 예배로 모인 사람들을 의미한다. 사도행전 5장의 "온 교회와 이 일을 듣는 사람들이 다 크게 두려워하니라"(5:11)라는 구절에 사용된 '교회'는 예루살렘교회 성도들의 공예배를 의미한다. 사도행전 11장에서도 바나바와 바울이 안디옥 지역의 "교회에 일 년간 모여 있어 큰 무리를 가르쳤고"(11:26)라고 기록되었는데, 이 '교회' 역시 신자들의 모임으로서 어느 정도 조직화된 예배를 가리킨다.[47]

루터는 아우구스부르크 신앙고백(the Augusburg Confession, 1530)에서 교회를 '복음이 순수하게 선포되고 그 복음에 일치되게 성례전이 거행되는 모든 그리스도인들의 모임'이라고 정의했다.[48] 이런 정의에 근거할 때, 교회는 단순히 건물이 아니며 예배하는 그리스도인들의 모임이다. 이 모임의 목적은 하나님을 영화롭게 하고 그를 영원토록 즐거워하는 것이다.

개혁교회의 신앙 지침서인 제2 스위스 신앙고백(the Second Helvetic Confession)에서는 '교회란 그리스도를 통하여 주어진 은혜의 동참자들이 말씀과 성령님에 의하여 그리스도이신 예수님 안에서 참 하나님을 바르게 알고 섬기며 예배하는 무리들의 공동체'라고 정의한다.[49]

교회는 예배드리는 자들의 모임이다. 그리스도인은 교회 공동체 안에서 함께 드리는 예배를 통해서 하나님 나라를 경험하고, 하나님의 통치와 믿음의 삶에 대해서 듣고, 배우고, 그대로 살아갈 수 있도록 훈련과 도움을 받는다.

◆
47) 위의 책, p57.
48) '아우구스부르크 신앙고백' 제7조 "교회"
49) '제2 스위스 신앙고백' 제17장

우선순위

이 교회의 중요한 본질적 사역인 예배를 교회마다 얼마나 가치 있게 지켜 내느냐가 관건이다. 오늘 우리 세대의 특성을 보면, 자기를 사랑하는 나르시시즘에 빠져 예배에서 하나님 나라와 영광보다는 자신이 받을 은혜와 위로에 더 초점을 맞추고 있는 듯하다. 예배 중의 찬양은 분명히 우리 스스로를 하나님의 백성으로 자처하게 하고, 겸손하게 하나님 앞에 나아가 그분을 높이고 영화롭게 하는 것인데, 이마저 우리가 받을 위로, 감동, 은혜에 초점을 맞추고 있지 않은지 반성하게 된다.

말씀의 선포와 가르침은 하나님 나라를 품은 그리스도인들의 거룩과 소명에 관하여 회중에게 선포되고 알려지는 시간인데, 회중들은 오히려 자신의 귀에 듣기 좋은 말씀을 더 구한다. 그러다 보니 설교자와 예배를 인도하는 사람들은 하나님의 뜻보다 회중의 반응에 더 마음을 빼앗기기 쉽다.

예배는 예배다워야 한다. 교회는 각자의 예배 초점을 하나님께 맞추어야 한다. 오늘날 교회에는 하나님을 위한 예배로의 방향 전환을 할 수 있는 자정 능력이 필요하다. 회중의 만족에 초점이 맞추어진 예배를 다시 하나님께 맞추어진 예배로 전환해야 한다. 그러므로 교회 개혁은 곧 예배 개혁과 같은 것이며, 예배에서 우리의 방향을 바꾸는 것이다. 이 땅에 하나님 나라를 품은 예배가 있는 교회들이 가득하기를 소망한다.

17 표지:
무엇이 교회를 교회답게 하는가?

교회는 세 가지 표지(標識)를 가지는데, 이 표지라는 말은 '어떤 개념을 가르쳐 주는 일종의 사인(sign)이나 특징'으로 이해될 수 있다. 다른 것과 구별시켜 주는 그 자체만의 특성인 셈이다. 교회의 세 가지 표지는 교회가 신앙 공동체로서 꼭 가지고 있어야 할 특징이나 필수 요건으로 이해하면 될 것 같다.

죄와 싸우는 공동체

교회를 교회답게 하는 표지는 대표적으로 세 가지를 꼽을 수 있다.

첫째는 말씀의 진정한 선포이다(딤후 3:16~17, 갈 1:8~9, 요이 1:10). 교회는 하나님의 말씀을 바르게 선포하고 가르치는 곳이다. 단순히 교제하기 위해 모이거나 어떤 특별한 봉사활동을 위해서 모이는 동호회 같은 모임이 아니다. 교회는 특별히 성경을 통해 예수 그리스도가 하나님의 아들이시며 그분의 죽음과 부활을 믿는 자에게 생명을 주시는 복음을 선포하고 가르치는 곳이다.

둘째는 성례의 정당한 거행이다(마 28:19, 행 22:16, 고전 11:24~26). 성례는 세례와 성찬을 포함한다. 이 성례 역시 성경에 근거해서 시행하는 것이다. 세례는 한 사람이 복음을 듣고 예수 그리스도를 구주로 시인하는 공식적인 예식이다. 하나님과 사람들 앞에서 이를 믿음으로 고백하고 인정하는 것이다. 성찬은 떡과 포도주를 통해 예수님의 몸과 피를 기억하며, 우리의 죄를 대신하여 씻으심(대속)을 기념하고 감사하는 것이다. 교회는 이러한 성례를 통해서 예수 그리스도에 의한 구원을 믿음으로 고백하고, 하나님의 사랑과 예수님의 대속에 감사하는 신앙 공동체이다.

셋째는 권징의 성실한 시행이다(갈 6:1, 마 18:15~17, 엡 5:11). 교회는 예수님의 대속하심을 통해 거룩함을 약속받은 공동체이다. 교회는 주님께서 다시 오실 그날까지 하나님의 공의에 따른 거룩함을 지켜 내는 공동체라고 말할 수 있다. 이 거룩함은 그리스도인들이 '어떻게 신앙 생활을 해야 하는가'에 대한 신앙의 표준이며, '어떻게 살아야 하는가'에 대한 도덕적 또는 윤리적 행위의 표준이 된다.

이렇게 교회는 대내외적으로 죄와 싸우는 공동체이다. 교회는 성경과 교회 헌법에 의하여 거룩과 죄의 기준을 분명히 하고, 이를 제대로 지켜 준행하지 못할 때에는 치리회(당회 또는 징계 위원회)를 통하여 개인과 그룹에게 권고하고 징계한다. 이 징계에는 일정 기간 성찬에 참여하지 못하거나 치리회를 통해 명시된 벌칙을 받는 것이 포함되며, 심할 경우에는 교회의 제명까지도 벌할 수 있다. 이런 권징은 잘못을 저지른 교인을 벌주고 아프게 하기 위함보다는 개인과 교회가 예수 그리스도를 통해 허락받은 의를 붙잡고 거룩함을 지키게 하기 위함이다.

영화롭게, 거룩하게

교회는 이렇게 세 가지 특별한 표지를 가지고 있다. 이 표지들을 살펴보면 알겠지만 모두 교회를 교회답게 하는 중요 특징들이다. 이 표지들은 모두 예배와 관련되어 있다. 말씀의 선포와 성례는 예배에서 거행되는 아주 중요한 순서이다. 뒤에서 더 살펴보겠지만, 예배는 오랫동안 말씀 선포와 성례 중심으로 이어져 왔다. 권징의 시행은 교회 내의 당회나 공동의회를 통해서 진행되는 경우가 많으나 그 중심원리는 예배의 핵심이라고 말할 수 있다. 기독교의 예배에서 개인의 만족이나 은혜보다 더 우선되는 것은 하나님을 영화롭게 하는 것이고, 그 백성의 거룩함이다.

구약시대의 예배 방법이었던 제사에서 중요한 것은 속죄와 정결이었다. 그래서 제사에 참여하는 사람은 반드시 자신의 죄를 대신할 수 있는 희생 동물이 필요했다. 죄지은 사람이 마땅히 그 죗값을 치러야 하지만, 동물의 희생으로 대신 속죄하도록 하나님이 율법으로 정해 주신 것이다.

신약시대의 교회는 이 속죄를 위해 더 이상 희생 제사가 필요하지 않게 되었다. 물론 사람의 죄가 자연히 소멸된 것은 아니다. 죗값은 반드시 치러져야 하며, 자동 소멸되지 않는다. 공의의 하나님은 자신의 독생자 아들 예수 그리스도를 통해 이 죗값이 치러지도록 하셨다. 그러므로 신약시대 이후 그리스도인들은 예배에서 희생 제물을 드리는 대신에 죽음으로 우리 죗값을 갚으시고 다시 부활하신 예수님을 믿는 믿음에 근거하여 하나님을 예배한다.

"제사장마다 매일 서서 섬기며 자주 같은 제사를 드리되 이 제사는 언제나 죄를 없게 하지 못하거니와 오직 그리스도는 죄를 위하여 한 영원한 제사를 드리시고 하나님 우편에 앉으사 그 후에 자기 원수들을 자기 발등상이 되게 하실 때까지 기다리시나니 그가 거룩하게 된 자들을 한 번의 제사로 영원히 온전하게 하셨느니라"(히 10:11~14)

오늘날 그리스도인들 역시 우리의 죗값을 대신 지신 예수 그리스도를 믿는 믿음과 그 의를 통하여 하나님께 나아가 예배한다.

"그러므로 형제들아 우리가 예수의 피를 힘입어 성소에 들어갈 담력

을 얻었나니 그 길은 우리를 위하여 휘장 가운데로 열어 놓으신 새로
운 살 길이요 휘장은 곧 그의 육체니라"(히 10:19~20)

소명의 삶으로 전환

교회의 표지가 잘 거행되는 예배를 드릴 때 우리가 받을 유익은 무
엇일까? 그 답은 자기중심의 신앙에서 벗어나 하나님께서 부르시는 소
명의 삶으로 전환되는 은혜를 경험하게 된다.

첫째, 우리는 예배 중에 선포되는 하나님의 말씀으로 구원에 이르
는 지혜를 얻게 된다.

"또 어려서부터 성경을 알았나니 성경은 능히 너로 하여금 그리스도
예수 안에 있는 믿음으로 말미암아 구원에 이르는 지혜가 있게 하느
니라 모든 성경은 하나님의 감동으로 된 것으로 교훈과 책망과 바르게
함과 의로 교육하기에 유익하니"(딤후 3:15~16)

말씀을 통해 바른 믿음의 길을 걸어갈 수 있는 방법을 찾게 되고,
그 길을 따라 살아갈 수 있는 지도(map)도 받는다. 둘째, 우리는 예배
중의 성례를 통해 예수 그리스도의 대속과 사랑을 기억하게 되며, 죄
로부터 자유롭게 된 존재임을 기억하게 된다. 마지막으로, 우리는 예
배에서 하나님의 공의와 사랑에 근거하여 거룩한 삶에 대한 부담과 소

망을 가지게 된다.

교회는 이렇게 하나님의 사랑을 받고, 공의를 살아 내는 그리스도인이 되도록 예배를 통해 우리를 형성하는 신앙 공동체이다. 교회라는 신앙 공동체가 없다면 어디에서 이런 하나님과의 관계와 손길을 경험할 수 있겠는가? 교회라는 신앙 공동체가 없다면 어떻게 믿음의 사람, 소명의 사람으로 형성될 수 있겠는가? 하나님은 우리를 이런 세 가지의 방법으로 하나님 백성답게 만들도록 예배를 허락하셨고, 교회라는 공동체 안에서 그것이 가능하도록 하셨다.

18 속성:
교회의 속성과 예배의 관계

교회는 앞 장에서 다룬 세 가지 표지들과 더불어 교회에만 있는 본질적 속성들도 가진다. 대표적으로 거룩성, 보편성, 통일성이 있으며, 추가적으로 사도성이 있다. 이런 교회의 속성들 역시 예배와 관련이 있다.

거룩성, 보편성, 통일성

첫째 속성은 거룩성이다. 교회는 성령께서 계시는 성전이며 세상과는 구별된다. 그리스도인이라는 이름으로 함께 모여 있다고 해서 이 거룩성이 자연스럽게 이루어지는 것은 아니다. 그리스도인도 예외 없이 죄인이며 거룩하지 않다. 그러나 그리스도인은 예수 그리스도를 믿음으로 죄를 용서받는 대속을 약속받고, 성령님을 통한 거듭남과 변화를 경험하고, 또한 하나님의 계명에 따라 사는 사람이다. 교회는 예배에서 예수 그리스도의 구속 사역과 의를 기억하며 감사하고, 온전한 거듭남, 변화, 믿음의 삶을 위해 성령님의 인도하심을 구한다.

> "남편들아 아내 사랑하기를 그리스도께서 교회를 사랑하시고 그 교회를 위하여 자신을 주심 같이 하라 이는 곧 물로 씻어 말씀으로 깨끗하게 하사 거룩하게 하시고 자기 앞에 영광스러운 교회로 세우사 티나 주름 잡힌 것이나 이런 것들이 없이 거룩하고 흠이 없게 하려 하심이라"(엡 5:25~27)

우리 자신이 아무리 거룩하고 싶어도 우리 스스로 거룩할 수는 없다. 우리는 예배를 통해 거룩하신 주님 앞에 나아갈 때마다 계속 반복되는 죄를 범하고 있는 우리 자신을 발견하게 된다. 앞서 말했던 것처럼, 나는 언젠가 매번 같은 죄를 반복해서 회개만 하던 자신을 발견하고 마음이 무거웠던 적이 있다. 벗어날 수 없는 죄의 굴레에 속박된 나의 한계와 연약함을 깨닫고는 좌절했던 것이다. 세상의 어느 누구도 자신의 노력과 열심으로는 하나님의 의에 근접할 수가 없다. 그래서 우리는 예배드릴 때마다 예수 그리스도의 보혈과 사랑에 근거해서 겸손하게 하나님 앞에 나아갈 수밖에 없다.

둘째 속성은 보편성이다. 예수님께서 세우신 교회는 인간의 모든 장벽을 초월하여 하나이다. 교회는 모든 민족, 모든 시대, 모든 신분과 계층, 모든 장소와 시간 위에서 세워졌다. [50]

"이 복음이 이미 너희에게 이르매 너희가 듣고 참으로 하나님의 은혜를 깨달은 날부터 너희 중에서와 같이 또한 온 천하에서도 열매를 맺어 자라는도다"(골 1:6)

오늘날 지역 교회의 개념이 더 강조되면서 자신이 속한 특정 교회나 특정 교단을 선호하고 우선시하는 현상이 생겼다. 그러나 삼위일체 하나님을 믿고, 예수 그리스도의 대속하심을 의지하며 믿음으로 예배하는 교회는 모든 시대와 지역을 뛰어넘어 모두 예수 그리스도의 한 몸임을 반드시 기억해야 한다.

한국의 기독교인들은 유난히 자신의 교회와 교단에 대한 자부심이 강하다. 나 역시도 한때는 몸담았던 교회와 교단에 대해 근거 없는 우월감에 빠져 있던 때가 있었다. 그 교회와 교단이 가장 건강한 믿음을 가졌다는 자부심을 느낀 것이다. 내가 출석하고 있는 교회와 교단을 사랑하는 것이 뭐가 잘못이겠는가? 그러나 이를 통해 타 교회나 교단을, 그리고 타 지역의 교회를 낮게 평가하거나 폄하하는 것이 문제다.

◆

50) 최홍석, 앞의 책, p124-125.

서로의 신학적인 차이와 역사에 근거해서 다른 형식과 강조점을 두고 진행되는 예배와 성만찬을 비판적으로 평가하며, 자신이 소속되어 있는 교회의 방식이 더 옳다고 주장하는 것이 문제다. 이는 교회의 보편성에 역행하는 것이다.

미국에서 공부하면서 여러 나라와 교단의 배경을 가진 사역자들을 만날 수 있었다. 다양한 교단과 특색을 가진 교회들을 방문하여 함께 예배드렸던 적도 많았다. 분명 내가 자라고 공부해 온 신학이나 문화와 많이 달랐고, 언어의 장벽까지 있어서 그 교회들의 예배가 나에게 무척이나 낯설었지만, 한편으로는 색다른 경험을 통해 도전을 주기도 했다. 그 모든 교회가 예수 그리스도 안에서 하나님을 예배하는 동일한 교회임이 분명했다.

셋째 속성은 통일성이다. 성경은 교회를 예수 그리스도의 몸으로 비유한다.

"몸이 하나요 성령도 한 분이시니 이와 같이 너희가 부르심의 한 소망 안에서 부르심을 받았느니라 주도 한 분이시요 믿음도 하나요 세례도 하나요 하나님도 한 분이시니 곧 만유의 아버지시라 만유 위에 계시고 만유를 통일하시고 만유 가운데 계시도다"(엡 4:4~6)

교회의 통일성은 교회에 속한 모든 사람이 무조건 획일화된 생각과 마음을 가져야 한다는 것을 의미하지 않는다. 같은 마음, 생각, 성향의 사람들만으로 한 교회 공동체를 형성하는 것은 거의 불가능하다. 통일성은 그런 획일성을 말하는 것이 아니다. 바울은 오히려 이렇게 설명한다.

"오직 사랑 안에서 참된 것을 하여 범사에 그에게까지 자랄지라 그는 머리니 곧 그리스도라 그에게서 온 몸이 각 마디를 통하여 도움을 받음으로 연결되고 결합되어 각 지체의 분량대로 역사하여 그 몸을 자라게 하며 사랑 안에서 스스로 세우느니라"(엡 4:15~16)

우리 몸의 각 지체는 서로 다른 모양, 다른 기능을 하고 있지만 한 몸이다. 이와 비슷하게 교회는 다양한 생각과 특성, 삶의 모양으로 살아가는 사람들이 함께 모이는 곳이지만 그리스도를 통하여 한 몸으로 질서와 조화를 이룰 수 있다.

공예배는 혼자가 아니라 다른 사람들과 함께 드리는 예배이다. 교회는 여러 사람이 함께 예배하는 공동체이다. 예배는 그들과 함께 하나님 앞에 나아가는 것이다. 서로 다른 사람들이 그리스도를 중심으로 서로 연결되고, 서로를 인정하고, 함께 세워 가며 예배한다. 이것이 교회의 통일성이다.

선교적 사명대로

교회의 속성은 이 세 가지 외에도 한 가지 더 강조되는 것이 있는데, 바로 사도성이다.

교회의 사도성에는 두 가지의 중요한 의미가 포함되어 있다. 첫째는 교회의 가르침은 사도들의 가르침에 근거한다는 것이다. 이 사도들의 가르침은 예수 그리스도로부터 온 것이다. 교회는 예수 그리스도의 가르침에 근거하여 복음을 선포하고 가르쳐야 한다. 둘째는 교회는 보냄받은 공동체임을 의미한다. 사도의 헬라어 '아포스톨로스'는 '사신', '파견된 자,' '보냄을 받은 자'라는 뜻이다. 교회가 사도성이라는 속성을 가진다는 말은 사도들이 그리스도로부터 사명을 받아서 실행하는 공동체라는 것이다. 보냄받은 공동체, 사명을 받아 실행하는 공동체가 바로 교회이다.

하나님은 우리로 하여금 끊임없이 마지막 때를 기다리며 성령님의 도우심을 따라 하나님 나라와 예수 그리스도의 복음을 증거하고, 그리스도의 제자를 세우고 양육하라고 명령하신다(행 1:8, 마 28:18~20). 그러므로 교회는 성도의 신앙, 만족, 은혜만을 위해서 존재하지 않는다. 교회는 하나님의 영광을 바라보고 공유했던 사람들의 공동체이며, 이 땅에서 끊임없이 하나님의 나라를 소개하고, 하나님의 공의로 죄인들이 회개하고 돌아오도록 경고하고 증언하는 공동체이다.

하지만, 어느 순간 우리의 예배는 우리만의 잔치가 되어 버린 듯하다. 우리가 받을 사랑과 은혜를 중요시하고, 우리가 좋아하는 예배 형식, 문화, 감동, 성장에 많은 관심을 두고 있는 것 같다. 이러다가 교회가 점점 주어진 선교적 사명을 잃는 것은 아닌가 우려가 된다. 우리는 예배를 통한 선교적 사명을 잃지 않도록 주의해야 할 필요가 있다. 예배 안에 주님께서 주신 사명대로 하나님 사랑, 형제 사랑, 이웃 사랑이 빠지지 않도록 말이다.

모든 자에게 열려 있다

교회의 속성들과 함께 예배를 살펴보면, 예배는 단순히 기독교인들이 함께 모여서 진행하고, 참여하고, 만족하는 종교 행사 또는 종교적 의식보다 훨씬 더 큰 의미가 있다는 것을 알 수 있다. 예배는 단순히 사람들이 함께 모여서 기독교 노래를 부르고, 설교를 듣는 종교 모임이 아니다.

예배는 모든 믿는 자들의 모임 속에 함께하시는 하나님 앞에 나아가는 것이며(보편성, 통일성), 예수 그리스도를 믿음으로 대속과 용서의 은혜를 경험하며 하나님께 감사하고 그분을 영화롭게 하는 시간이다(거룩성). 이 예배는 모든 자에게 열려 있으며, 하나님의 뜻이 전파됨을 통해서 그 뜻대로 부르심을 받은 모든 신자들을 위한 곳이다(사도성).

19 교회 역사 1:
예배 무너짐은 신앙 일탈로 이어졌다

이번 장에서는 오랜 시간 이어져 온 교회의 역사를 함께 살펴보면서 우리 시대의 예배와 관련된 이슈들을 넓게 껴안을 수 있는 눈을 기르고자 한다. 역사를 보면 수많은 변화 속에서 무엇을 중요하게 생각했으며, 무엇을 놓치지 않아야 하는지를 볼 수 있는 이점이 있다. 그 시각은 곧 우리 시대의 문제들에 폭넓게 접근하고, 그것을 해결할 만한 기준을 만들어 주기도 한다. 교회 역사의 중심에 예배가 있다. 이 짧은 장에서 그 역사와 핵심을 다 다루기는 어렵지만, 역사의 흐름 속에서 우리가 놓치지 말아야 할 예배의 본질과 가치가 무엇인지를 살펴보고자 한다.

초대교회 이후

오순절 사건 이후 처음으로 그리스도인들의 교회가 세워졌을 당시의 자료가 많지 않아서 당시 교회와 예배의 상황을 다 이해하기가 쉽지 않다. 다만, 신약성경과 2세기 이후에 사도들의 가르침을 기록한 디다케와 같은 문서 자료들에 근거해서 당시 예배를 대략 유추해 볼 수 있다.

초대교회는 유대교의 영향을 적지 않게 받았는데, 특히 말씀과 기도의 순서가 그렇다. 성경을 읽고 해석하는 유대인의 풍습이 초대교회에서도 중요하게 생각되었다. 기도 역시 당시 회당의 기도 시간과 비슷하게 매일 세 번씩 기도하는 시간을 가졌는데, 디다케에 의하면 이때 주기도문을 낭송했다고 기록되어 있다.[51]

초대교회의 예배에서 발견되는 또 다른 특징은 성찬이다. 사도행전 2장과 고린도전서 11장을 보면 그리스도인의 예배에서 성찬의 순서가 있었음을 알 수 있다. 이는 예수 그리스도께서 십자가에 달리시기 전 제정하신 주의 만찬에 기원하여 교회 예배 순서에서 자리 잡힌 것으로 보인다. 성찬은 공동체가 함께 식사하는 애찬과 주의 만찬을 뜻하는 성찬으로 구분할 수 있다.

◆

51) 로버트 웨버, 예배학, 기독교문서선교회, 2011, p58-59.
　　빌리암 나아겔, 그리스도교 예배의 역사, 대한기독교서회, 2006, p19-30.

2세기의 예배는 로마의 기독교 철학자였으며 순교자였던 유스티누스(Justinus)가 기독교 신앙에 대해 기록한 제1 변증서(the First Apology)에 나온 당시 로마교회 공동체의 예배 모습을 통해서 엿볼 수 있다. 기록에 의하면, 당시 예배는 성경 읽기, 설교, 기도, 성찬, 구제의 순서로 진행되었다. 사도들은 선지서들을 낭독했고, 이후 설교는 성경 읽기의 내용과 관계없이 성경을 통해 설교자가 성도들을 권면하고 믿음의 삶을 가르쳤다고 한다. 이 시대의 또 다른 특징은 구제인데, 성찬에서 남은 음식을 교회 밖 고아와 과부들이나 필요한 이들에게 찾아가 나누어 주었다고 한다. 2세기의 예배는 3~4세기, 중세, 종교개혁 이후까지 로마교회의 예배 원형이 되었다.[52]

이 시기의 예배 역시 말씀과 성찬의 예배로 요약할 수 있는데, 성경을 읽고 설교하는 말씀의 예배(the Service of the Word)와 봉헌과 축사, 나눔을 통해 진행되는 성찬의 예배(the Service of the Table)로 정리할 수 있다. 또한, 당시 찬양으로 시편을 불렀다. 시편 찬양은 기도로 간주되었는데, 이는 단순한 감정의 표현이 아니라 하나님을 향한 고백이었기 때문이다.[53]

3세기의 예배는 성찬 중심의 예배였다. 사도 전승에는 당시 예배가

---

52) 주종훈, 예배 역사에서 배우다, 세움북스, 2015, p69-70.
53) 위의 책, p70-71.

평안을 전하는 입맞춤, 봉헌, 기도, 축복, 축성(성찬을 위한 예물을 하나님께 올려드리는 과정), 성찬 나눔의 순서로 진행했다고 기록되어 있다.[54] 이 시기의 예배는 설교보다는 성찬을 통해 그리스도 중심의 예배를 드렸다. 그리스도를 통해서 구체화된 삼위 하나님의 사랑을 경험하고, 삼위 하나님에 대한 감사가 중요하게 여겨졌다.

예전 형식과 틀을 본격적으로 갖춘 예배는 4세기부터 시작되었다고 할 수 있다. 313년에 로마 콘스탄티누스 대제의 밀라노 칙령으로 기독교에 대한 자유가 주어지고, 380년 테오도시우스 대제가 자신의 병이 낫자 기독교를 국교로 선포했다. 그 이후 기독교 예배는 자유를 얻음과 동시에 새로운 발전이 시작되었다. 밀란의 암브로스(Ambrose), 로마의 제롬(Jerome), 북아프리카의 아우구스티누스(Augustinus)가 기독교 예배를 발전시켰고, 콘스탄티노플의 주교였던 크리소스토무스(Chrysostom)가 동방 교회 예배를 구체화시켰다.[55]

이 시기의 예배의 특징은 성경 읽기와 기도다. 함께 모여서 성경을 읽고, 함께 공동 기도를 했다. 성경 읽기는 임의로 한 본문을 선택해서 읽는 것이 아니라, 일 년 단위로 그리스도의 생애와 사역을 중심으로 구성해서 반복해서 읽었다고 한다. 오늘날의 교회력이 이때부터 실

◆
54) 위의 책, p80.
55) 위의 책, p87.

천되기 시작한 것이다. 또한 설교 시간이 있었는데 그리스도의 생애와 사역이 담긴 구원의 메시지에 집중했다.

이 시기의 교회는 외적으로 예배의 뼈대가 고대 제의나 로마의 궁중 예식에서 채용한 호화로운 의례를 덧입게 되었고, 사제는 제복을 입으면서 지위가 강화되기 시작했다. 또한 삼위일체론이나 종속주의 그리스도론(그리스도가 하나님보다 낮은 위치에 있다는 입장)과 같은 논쟁들이 일어나면서, 예배는 교리를 가르치고 이단에 대한 투쟁을 준비하는 중요한 자리가 되었다.

4세기 여러 곳에 있던 주요 교회들은 각자 고유한 예배 형식을 가지고 있었지만, 제국 교회의 확대와 함께 7세기에 이르러서는 어느 정도 예배의 통일화가 이루어진다. 이 과정에서 동방의 알렉산드리아, 안디옥, 예루살렘, 콘스탄티노플, 서방의 로마와 밀라노 같은 도시의 교회가 지도적인 역할을 맡게 되었다.[56] '말씀'과 '성찬'이라는 예배의 기본 2부 구조를 유지하면서 각 지역의 특색들이 예배의 형식에 반영되었다.[57]

동방 교회의 예배를 살펴보면 시, 문학, 예술, 철학 중심의 동방 문화가 예배에 반영되었으며, 의식적 표징과 상징이 많이 사용되어서 예

◆
56) 빌리암 나아겔, 앞의 책, p55-56.
57) 로버트 웨버, 앞의 책, p77.

배가 현란할 정도로 아름답고 매우 신비적이었다. 대표적인 예로 성 요한 크리소스토무스의 예배를 들 수 있는데, 형식이 소입장(the Littel Entrance)과 대입장(the Great Entrance)으로 나뉘어져 있다. 소입장은 복음서 봉독 중심으로 하나님의 말씀을 강조했었고, 대입장은 떡과 포도주를 중심으로 예수 그리스도의 죽으심과 부활을 강조하는 형식이었다. 이 시기 동방 예배의 관심은 천상을 지상으로 끌어내리고, 지상을 천상으로 끌어올리는 것이었다. 그래서 현란한 아름다움과 장엄한 신비 속에서 하나님의 임재를 느끼도록 했다. [58]

반면에 이 시기 서방의 예배는 단순했다. 6세기 이후의 서방 예배는 로마 중심의 로마식 의식(the Roman Rite)과 유럽 전역에서 두루 사용되면서도 지역마다 조금씩 다른 모습을 가진 고올식 의식(the Gallican Rite)으로 나눌 수 있다. 실용주의적 정신이 강한 로마 문화에 따라 로마식 예배는 단순하고 예배 순서에 많은 의식이 포함되어 있지 않았다. 이 같은 단순성에도 불구하고 로마식 의식에도 그 나름의 장엄함이 있었고 하나님의 임재 의식과 경외감이 넘쳤다고 한다. [59]

◆

58) 위의 책, p77-79.
59) Bard Thompson, Liturgies of the Western Church, Augsburg Fortress Publlishers, 1980, p41-42.

중세 교회의 특징

중세 교회의 예배는 두 가지 특징으로 정리할 수 있다.

첫 번째는 예배에서 신비를 강조했다는 것이다. 예배 형식의 전체적인 변화보다 각 순서와 형식에 대한 이해와 의미를 중요하게 생각했으며, 개인의 체험이 중요해졌다. 점점 더 예배 순서에서 거룩한 행위가 강조되었고, 예배 참석자들의 성화를 위한 신비적 의식도 강조되었다. 성직과 회중의 구별이 뚜렷해지기 시작했고, 거룩과 세속의 영역으로 대립하여 구분하기 시작했다. 미사는 알아들을 수 없는 라틴어로 진행되었고, 교회는 위계질서를 갖춘 제도로 굳어지기 시작하면서 교회 자제가 구원을 베푸는 자로 자처하기 시작했다.

예배와 성찬은 교회가 구원을 베푸는 수단이 되었다. 미사는 일반 회중들이 알아들을 수 없는 가운데 성직자들에 의해 행해지는 의식을 쳐다보는 거룩한 드라마와 같은 성격을 띠게 되었다. 성찬의 떡과 포도주를 취급하는 것에 극도의 경외심을 가졌고, 미사의 효험에 대해 지나치게 강조되는 현상도 나타났다. '미사 후 식사는 더 맛이 난다'고 표현한다든지 '미사를 통해 갑작스럽게 죽지 않을 것', '연옥에 있는 영혼들이 고통당하지 않을 것'이라는 주장들이 일어나는 등 미신적 요소가 강조되기 시작했다. 이런 상황에서 미사는 점점 더 성직자들의 고유 독점물로 변해 갔다.[60]

두 번째는 수도원 운동이 일어나면서 예배에서 기도의 비중과 중요성이 강조되었다. 당시 교회의 세속화에 대한 반동으로 수도원 운동이 시작되었다. 이때 수도사들은 기도를 삶의 유일한 만족으로 보았고 수도사들의 주된 일이 되었다. 교회가 세속화와 함께 지상 위에서의 하나님의 왕국을 강조하는 것에 반해 수도원 운동은 장차 올 왕국을 강조함으로써 교회의 세속화에 반대하고 오히려 기독교 신앙의 초월적 특성을 강조했다.

수도원 운동의 예배는 점점 경건하고 헌신적인 성격이 강화되었다. 경건의 수단으로 성찬에 참석하는 것은 좀 더 거룩해지고 성장할 수 있는 수단으로 보았다. 매일 드리는 기도 입문서(the Devotional Manuals)가 발간되었고, 수도사들은 기도와 시편 낭독을 크게 강조했다. 점점 기도는 경건을 증진하기 위한 수단이 되기 시작했다.[61]

온전한 예배를 위한 개혁

초대교회 이후 종교개혁 전까지 교회의 역사는 엄청 방대하고 변화무쌍하다. 유대교와 분리되어 예수 그리스도를 믿는 하나님의 언약 백성으로서 정체성을 명확히 하고, 공동체와 모임을 세워 가는 시간을 가졌다. 처음에는 어떤 신학적 명제도 명확하지 않은 가운데 수많은

♦
60) 로버트 웨버, 앞의 책, p80-87.
61) 위의 책, p87-88.

논쟁을 통하여 신학의 토대가 세워졌고, 그리스도인들의 공동체 안에서 예배의 시작과 발전이 이루어졌다. 여러 지역으로 복음이 전파되면서 복음 전파자나 그 지역 문화의 영향 아래 예배는 다양하게 형성되었다. 문제는 시간이 지나면서 복음을 담아내는 교회의 예배는 본질을 잃어 가기 시작했고, 예배의 외형은 화려하나 핵심은 모호해지기 시작했다는 것이다.

이런 예배의 무너짐은 곧 성도들의 신앙 일탈로 이어질 수밖에 없다. 바른 믿음을 배우고, 하나님과 바른 관계를 가질 수 있는 예배가 무너졌다면, 성도들은 어디에서 이를 회복할 수 있는가? 이렇게 어두운 중세를 지나온 교회는 16세기가 되면서 온전한 믿음과 예배를 위한 개혁과 재조정이 점점 불가피한 상황에 다다르고 있었다.

20 교회 역사 2:
우리가 놓치지 않아야 할 예배의 본질

종교개혁자들의 다른 주장

종교개혁은 곧 예배 개혁이라 할 수 있다. 1517년 종교개혁이 시작되기 전의 서방 교회는 점점 예배의 본질을 잃어 가고 있었다. 알지도 못하고, 알아듣지도 못하는 라틴어로 미사가 올려졌고, 화려한 의식과 음악은 있었지만 정작 회중은 예배에 능동적인 참여가 어려운 실정이었다. 사제 역시 알지 못하는 라틴어로 설교를 해야 하니 수준은 고사하고 성경 낭독과 설교 자체가 불가능한 상태였다. 돈을 받고 미사를 드리고, 죄를 사해 주는 면죄부를 판매하는 등 교회는 본질이 훼손되어 가고 있었으며 종교화되어 버렸다.[62]

루터가 이런 상황을 고발하기 위해 비텐베르크 성당 문에 걸었던 95개조 반박문은 변화와 회복이 필요했던 당시 교회 개혁의 도화선에

불씨를 붙인 것과 같았다. 루터의 고발로 시작된 이 작은 파문은 점점 교회 개혁의 물결로 번져 나가기 시작했다. 다양한 지역에서 여러 개혁자들에 의해 교회의 개혁이 일어났다.

예배와 신앙에 대한 견해는 종교개혁자마다 조금씩 달랐다. 다만 종교개혁자들이 공통적으로 개혁을 단행한 부분들이 있는데, 정리해 보면 다음과 같다.

첫째, 미사를 거부했다. 미사는 감사의 예배임에도 불구하고 중세 교회는 어느덧 미사를 그리스도의 희생제사가 반복되는 것처럼 인식했으며, 돈을 받고 미사와 성찬을 드려 줌으로써 마치 종교적인 장사를 하는 형국이었다. 결국 구원을 사는 법적 수단이 된 미사를 종교개혁자들은 더 이상 용납할 수가 없게 되었다.

둘째, 화체설 교리를 거부했다. '미사를 올리기만 해도 그리스도께서 자동으로 임재하신다'는 오푸스 오페라툼(Opus operatum)의 교리는 믿음 없이도 성례에 참여하고 축복을 받을 수 있다는 잘못된 믿음을 갖게 만들었다. 특히 성만찬의 떡과 포도주가 그리스도의 살과 피로 변하여 구원을 위한 희생 제사로 하나님께 드려진다는 화체설은 종교개혁자들 모두가 반대했다.

♦
62) William D. Maxwell, An Outline of Christian Worship, Oxford University Press, 1939, p72. 로버트 웨버, 앞의 책, p91, 재인용.

셋째, 하나님의 말씀을 예배에서 중요한 위치로 회복시키고자 했다. 성례에만 치중되어 있었던 예배의 균형을 위해서 말씀의 비중을 높이고, 말씀의 중요성이 강조되었다.

넷째, 예배를 각 지역의 고유한 언어로 드려야 하는 것과 예배 순서를 말씀과 성례의 2부 구조로 드리는 것에 모두 일치된 견해를 가졌다. 다만 츠빙글리는 말씀에만 강조점을 두려고 했고, 칼빈은 연 4회 성찬을 거행하는 것으로 표준을 잡았다.[63]

그렇다면, 종교개혁자들이 서로 다르게 주장한 것은 무엇일까? 종교개혁자들은 '로마 가톨릭의 유산을 어떻게 받아들이냐'에 대해서 다양한 견해를 가졌다. 루터파와 영국 국교회는 로마 가톨릭의 많은 부분을 그대로 받아들였고, 츠빙글리파와 재세례파는 단절을, 개혁교회는 중간 입장을 취했다.

츠빙글리파와 재세례파는 예배 내의 모든 의식적인 요소를 이교적인 것으로 인식했다. 츠빙글리는 물질적 통로나 외적인 수단과는 별도로 오직 성령을 통해서만 신앙을 얻을 수 있다고 확신했다. 재세례파

---

63) 칼빈은 성찬을 자주, 적어도 일주일에 한 번씩 집행하는 것이 합당하다고 생각했고 실제로 스트라스부르크에서는 월 1회씩 성찬식을 집행했다. 칼빈은 말씀과 성찬을 분리하지 않았고 모든 주일에 성찬을 집행해야 함을 강조하며 제네바 시의회와 격렬한 논쟁을 벌였다. 결과는 불행하게도 1538년 칼빈이 시의회에 의해 내쫓기고 스트라스부르크로 이주했으며 다시 제네바로 돌아왔을 때는 시의회와 '현재로는'이라는 조건을 붙이고 일 년에 네 번 이상 거행하는 것으로 타협을 보았다. 정승원, "청교도와 한국장로교회의 성찬 실행 횟수에 대한 신학적 고찰", 성경과 신학, 제63호, 2012, p218.

는 예배 안의 의식들을 거부했을 뿐 아니라 공예배 형식의 필요성까지도 인정하지 않았다. 참 교회는 하나님과 매일의 동행이 중요하며, 삶에서 하나님의 말씀에 순종하고 고난받는 신자들에 의해서 형성된다고 믿었기 때문이다.

개혁파 교회의 마틴 부처(Martin Bucer)는 루터파의 견해에 츠빙글리의 강조점을 결합시켜 스트라스부르크식 예배(the Strasbourg Liturgy)를 발전시켰다. 예배를 간략하게 했고 산문 조의 찬송은 운율이 있는 시편 찬송이나 찬양으로 대체했다. 수르숨 코르다와 상투스(Sanctus) 같은 예배의 서언도 없애고 그리스도의 사역에 감사하는 기도로 대체했다.[64] 성경 봉독이 사라지고 설교는 한 시간 정도로 길어졌다. 칼빈은 부처와 스트라스부르크식 예배의 영향을 받았다. 주기도문, 신앙고백, 십계명 낭독과 시편 찬양에 관해서 스트라스부르크식 예배를 약간 수정했다. 말씀과 성례를 통해서 그리스도의 죽음과 부활과 재림을 선포하는 전통적인 예배의 2부 구조를 그대로 유지했다.

이 시기 예배 음악에서도 괄목할 만한 변화가 있었다. 중세 가톨릭 교회의 예배 음악은 훈련받은 성가대가 라틴어 코랄을 부르고, 회중은 주로 듣고 답하는 부분에서만 참여하는 방식이었는데, 루터는 찬송곡을 독일어로 번역하고 친숙한 선율에 새 가사를 붙여서 회중이 함께

◆
64) 각주 24번 참고

160

부르며 예배에 능동적으로 참여하도록 했다. 칼빈은 노래가 뜨거운 마음을 불러일으키기 때문에 예배에서 노래를 부르면 하나님을 찬양하고 기도하려는 마음을 더욱 뜨겁게 하는 힘과 능력이 있음을 인정했다. 다만 가톨릭교회처럼 오르간이나 성가대, 사람에 의해서 만들어진 찬송을 예배에서 사용하는 것을 반대했으며, 시편 같은 운율이 있는 성경 구절로 만들어진 찬송만을 허용했다.[65]

1차 영적 대각성 운동

1727년부터 1790년까지 유럽과 미국에서 1차 영적 대각성이 일어났다. 보헤미아에서 가톨릭교회의 박해를 피해 독일 드레스덴의 진젠도르프(Zinzendorf) 백작의 영지로 이주했던 모라비안 형제회는 경건주의 운동을 일으켰고, 백 명 이상의 선교사를 해외로 파송했다.

미국에서는 젊은 선교사 데이비드 브레이너드(David Brainerd)가 펜실베이니아의 델라웨어 휙스, 뉴저지 크로스윗 숭, 크랜베리 등에서 인디언 선교에 힘썼다. 비록 29살에 생을 마감했지만 장인이었던 조나단 에드워즈(Jonathan Edwards)가 그의 일기를 출판하면서, 그의 삶과 사역은 헨리 마틴(Henry Martyn), 짐 엘리엇(Jim Eliot), 윌리엄 캐리(William

---

65) Elmer L. Towns and Vernon M. Whaley, Worship through the Ages. kindle version, B & H Academic, 2012, chapter 6.

Carrey), 존 웨슬리(John Wesley) 등 수많은 선교사와 사역자들에게 도전의 불을 지폈다.

미국 매사추세츠 노스햄프턴 인근에서는 조나단 에드워즈 중심으로 영적 대각성이 일어났다. 그는 목회자이며 청교도 신학자로서 당시 세속화로 믿음의 쇠퇴기에 있는 잉글랜드 지역의 이주자들을 설교로 일깨우고 부흥시켰다. 영국에서는 존과 찰스 웨슬리 형제와 조지 휫필드(George Whitefield)가 거리에서 복음을 전하는 가운데 많은 사람들이 회심하며 주께로 돌아왔다.

이 시기에도 예배 형태와 찬양에 많은 변화가 있었다. 아이작 왓츠와 웨슬리 형제가 당시 상황에 맞춘 찬송가를 지어서 부르기 시작했다. 아이작은 시편의 시들이 18세기에 살고 있는 그리스도인들의 삶과 환경으로부터 동떨어져 있다고 생각하며 찬양은 하나님에 대한 믿음과 사랑, 죄를 용서하시는 하나님의 능력, 새로운 언약과 영원한 삶, 그리스도의 이름, 능력, 영광이 반영되어야 한다고 강조했다. 웨슬리 형제 중 동생인 찰스 웨슬리도 사람들이 찬양하고 고백할 수 있는 찬송가를 많이 지은 것으로 유명하다. '만 입이 내게 있으면', '천사 찬송하기를', '천부여 의지 없어서' 등 우리 찬송가에도 그의 곡들이 포함되어 오늘날에도 많이 불려지고 있다.

2차 대각성 운동 이후

1780년 이후 미국에서는 캠프 집회(Camp Meeting) 중심으로 2차 대각성 운동이 일어났다. 서부에서는 제임스 맥그리디(James McGready)를 중심으로, 동부에서는 조나단 에드워즈의 손자 티모시 드와이트(Timothy Dwight)를 중심으로 진행되었다.

1821년에 회심한 찰스 피니(Charles G. Finney)는 뉴욕 북서부와 맨해튼에서 놀라운 부흥의 물결을 일으켰다. 그는 전도적 설교와 회중의 회심에 집중했다. 그의 예배는 실용적이고 새로운 방식(New Methods)을 사용했다. 먼저 단순하고 친숙한 멜로디와 가사의 곡으로 찬송했고, 굉장히 극적이면서 능동적인 참여를 유도하는 설교를 했다. 예배의 제일 앞 좌석에는 처음 복음을 듣고 회심할 사람들을 위한 열망 벤치(Anxious Bench)를 따로 마련해 두기도 했다. [66]

미국의 무디는 1873년부터 1892년까지 시카고 인근에 있었던 부흥의 주역이었다. 그는 목사 안수를 받지 않고 복음을 전하는 전도자였고, 1886년에 세계 복음화를 위한 학생 자원 운동(The Student Volunteer Movement for Foreign Missions)의 주 창시자가 되기도 했다. [67] 특별히 그와 함께 사역했던 생키는 많은 복음성가를 지어서 집회 중에서 인도했던 것으로 유명하다. 대표적인 곡으로는 '어려운 일 당할 때', '나 주의 도움

◆
66) Robb Redman, 앞의 책, p7-8.

받고자', '십자가 군병 되어서', '주 날개 밑 내가 평안히 쉬네' 등이 있다.

20세기 전반, 오순절 운동의 시작

1904년에서 1906년 영국 웨일즈에서 에반 로버트(Evan Roberts)를 중심으로 큰 영적 부흥이 있었다. 그는 웨일즈 전역을 자신의 사역지라고 생각하고 웨일즈의 십만 명이 그리스도께 돌아오는 비전을 갖고 기도했다. 그는 10주 동안 밤 기도회를 진행했는데 수백 명이 주님을 영접했고, 성경 판매량이 급증했으며, 가정마다 예배가 드려졌고, 많은 기도회가 새로 시작되었다.

이 부흥으로 인해 술집에 사람들이 비었고, 폭언과 범죄가 줄어드는 등 놀라운 사회적 변화가 있었다고 한다. 이 시기의 특징은 찬양, 기도, 예배의 부흥이었다. 수준 있는 풍성한 찬양 시간이 있었으며, 특히 중보기도는 에반 로버트 집회의 핵심 포인트였다고 한다.[68] 찬양은 찬송가를 사용하지 않았고, 성령의 임재하심을 느낄 때 즉시 노래를 만들어서 찬송했다.[69]

♦

67) 학생자원운동(SVM)은 1886년 미국 노스필드에서 미국의 대학생들에게 복음과 선교에 대한 도전을 주기 위하여 A. T. 피어선 박사와 드와이트 라이먼 무디가 함께 설립한 해외 선교를 위한 학생 선교운동 단체이다. 19세기 말과 20세기 초 한국을 비롯한 아시아 지역에 온 대부분의 북미와 호주 출신의 선교사들은 학생자원운동의 영향을 받은 사람들이다. "학생자원운동." 위키백과. 2022년 11월 1일 수정. 2023년 2월 5일 접속, https://ko.wikipedia.org/wiki/학생자원운동.

68) Jim W. Goll, The Seer: The Prophetic Power of Visions, Dreams, and Open Heavens, Destiny Image, 2004, p180-181.

1906년부터 1908년까지 성령 운동의 대명사로, 오순절 운동의 시작으로 볼 수 있는 미국 아주사 부흥이 있었다. 텍사스 출신 윌리엄 시모어(William J. Seymour) 목사가 로스앤젤레스 템플거리의 한 가정집에서 성령의 역사에 대해서 설교하는 가운데 듣는 사람들에게 방언과 여러 가지 은사가 나타났다. 매일 많은 사람이 모여서 예배드리며 은사를 경험했고, 나중에 이곳은 성령 운동의 발생지가 되었다. 아주사 부흥의 예배 특징은 성령세례, 목회자와 평신도의 즉각적인 설교, 방언 찬양, 예언, 치유, 축귀 등이다. 물론 찬양도 즉각적으로 만들어서 불렀다.[70]

20세기 후반, 실용적 복음주의

현대 예배 음악에 가장 직접적인 영향을 준 20세기 후반의 괄목할 만한 교회 성장 운동은 1970년대에 척 스미스(Chuck Smith) 목사를 중심으로 이루어진 예수 운동(Jesus Movement)으로부터 시작되었다고 할 수 있다. 당시 미국에서는 전통적인 가치관에 저항하는 사회운동들이 일어났는데, 히피 문화가 그중 하나였다. 그들은 사회의 주류 가치관을 거부하고, 자신들만의 독특한 반문화를 형성했다. 집을 떠나 집단생활

◆

69) Elmer L. Towns and Vernon M. Whaley, 앞의 책, chapter 11. Location 3036 of 5418.
70) Robb Redman, 앞의 책, p28. Alexander, Estrelda Y. Alexander, Black Fire, IVP, 2011, p48-49.

을 하며 떠도는 술과 마약에 중독된 청년들이 있는가 하면 시민 공원을 조성하고 반전 운동을 펼치는 일에 열정적으로 참여하는 청년들도 있었다.

하지만 개인의 삶이 망가지거나 여러 가지 이유로 회의를 느껴 다시 일상의 삶으로의 회복을 원하는 사람들이 생겼고, 그중에는 다시 보수적인 신앙으로 회복하고자 돌아오는 청년들도 있었다. 기존 히피들은 신앙으로 돌아간 이들을 경멸하며 '예수쟁이' 또는 '예수에 미친 놈들(Jesus Freak)'이라 불렀는데, 오히려 본인들은 이를 좋게 받아들여 자신들을 '예수의 사람들(Jesus People)'이라고 부르며 더 열정적으로 찬양과 기도를 했다.

캘리포니아 코스타메사(Costa Mesa)에 있는 갈보리채플(Calvary Chapel)의 척 스미스 목사는 그들을 교회로 초청해서 복음을 전했고, 전통적인 피아노와 오르간이 아닌 그들에게 익숙한 드럼과 전자악기 중심의 음악으로 예배하도록 했다. 이 찬양팀은 우리나라에도 잘 알려진 마라나타 뮤직(Maranatha Music)이다. '먼저 그 나라와 의를 구하라', '목마른 사슴', '사랑해요 목소리 높여', '우리 모일 때 주 성령 임하리' 등 우리에게도 익숙한 곡들을 만들었다.

20세기 후반 미국 교회의 특징 중의 하나는 실용적 복음주의다. 교회성장학이 발전했고, 교회들은 세련된 문화로 지역 사회와 사람들에게 접근하기 시작했다. 건물은 전통적인 교회 건물 형태에서 현대적

감각을 가진 컨퍼런스 센터나 공연장 같이 바뀌었고, 아이들의 놀이터와 베이비시터가 제공되었다.

실용적 복음주의의 대표적인 교회들 중의 하나인 새들백교회(Saddleback Church)는 『목적이 이끄는 삶』 같은 책을 중심으로 소그룹과 세미나들을 운영했고, 윌로우크릭교회(Willow Creek Community Church)는 현대적인 예배, 구도자 예배(Seeker's Service), 리더십 세미나(Leadership Submit) 등 신앙과 교리만 가르치던 이전 교회들과는 다른 방향으로 전향했다. 신학자 마이클 호튼(Michael S. Horton)은 그의 책 『미국의 복음주의를 경계하라』라는 책을 통해 이는 미국식의 새로운 복음주의며 예수님과 복음을 상품화시키고, 사람들을 종교 소비주의자로 전락시켰다고 경고한 바 있다.

이들 교회는 최근까지 한국교회에 적지 않은 영향력을 주었는데, 특히 예배에서도 그렇다. 대표적으로 윌로우크릭교회가 불신자들의 전도를 위해서 음악(찬양), 스킷드라마, 영상, 설교, 회심의 순서들을 자유롭게 구성한 구도자 예배는 한국교회도 열린 예배라는 이름으로 전도 집회나 청년들 예배에 많이 적용하기도 했다.

예배 형식과 순서

종교개혁 이후 기독교는 유럽과 미국 중심으로 전 세계적으로 확장 및 변화해 왔다. 가톨릭교회가 복음과 신앙의 본질을 잃었던 것을 경계하며 복음으로 예배와 신앙의 중심을 바로 돌려놓기 위해 개혁해 온 것이다. 물론 이 과정에서 건강한 방향으로 개혁되었던 교회들이 있었는가 하면 오히려 반대의 방향으로 흘러갔던 교회들도 있었다.

종교개혁자, 국가, 지역, 신학자, 목회자에 따라 개신교 내에 여러 교단이 생겼고, 교회들은 여러 모양의 교회 정치와 예배 형태로 변모해 왔다. 모든 교회에 적용되는 획일화된 예배 형식과 순서가 있을 수 없었다. 복음의 진리는 영원하지만 그 복음을 믿고 살아 내는 사람들의 공동체와 신앙의 모습은 다양해졌기 때문이다.

종교개혁 이후부터 18세기 전까지 개인이 그리스도인이 되기 위해서는 주로 교회의 단계적인 훈련 과정에 속해 있어야만 했다. 가족이 참여하는 가운데 유아세례를 받고, 오랜 기간 교리문답을 통해서 신앙 훈련을 받았다. 성도들은 결혼이나 장례 모두 가정, 교회, 목회자의 지지와 함께 공동체적인 과정을 통해서 믿음이 성장하고 성숙했다. 하지만 18세기의 산업혁명은 경제 구조뿐만 아니라 기독교의 신앙과 교육 구조까지 바꾸었다. 일자리를 위해서 도시로 몰려가거나 이동이 잦아짐에 따라 사람들이 어릴 때부터 한 지역에 머물면서 한 교회에서 꾸준히 성장하고 교육받는 형태가 어려워진 것이다.

이런 시대적 상황에서 예배에도 변화가 생겼다. 휫필드나 웨슬리 형제 같은 설교자들은 이전과는 달리 죄의 고백과 신앙의 위급성이 강조된 복음을 도시의 거리에서 선포하고 즉각적인 회심의 결단을 요구했다.[71] 찬양은 이런 상황에서 그 시대의 언어와 감정을 잘 소통할 수 있는 스타일의 음악으로 바뀌었다. 시대적 변화와 지역의 다양성 속에서 교회와 예배, 성도들의 신앙 성향과 방법에도 자연히 변화가 온 것이다.

가끔 사람들은 내게 교회에 획일화된 예배와 순서가 없냐고 문의한다. 때로는 자신들이 경험하면서 좋았던 예배 순서와 스타일을 그리워하기도 하고, 때로는 시대에 맞게 변화된 새로운 예배를 문의하기도 한다. 아마 우리가 천국 가기 전까지 모두가 만족스럽고 좋아할 만한 획일화된 예배 순서와 형식이 만들어지기는 어려울 것이다.

그렇다면 앞으로 우리 예배의 형식과 순서는 마음대로 정해도 되는가? 물론 그렇지 않다고 생각하기에 사람들은 이런 질문과 요청을 하는 것이라 생각한다. 우리는 길고 방대한 교회와 예배 역사의 겉만 겨우 살펴보았지만, 우리가 이런 역사의 흐름을 살펴보면서 예배의 본질이 무엇인지를 계속 살펴보고 고민하면 좋겠다. 함께 예배 역사를 살펴본 이유는 '왜 예배가 획일화될 수 없는가'라는 질문의 답이기도 하고, 또한 '앞으로 우리가 드려야 할 건강한 예배는 어떠해야 하는가'라는 질문의 답을 함께 고민해 보기 위함이다.

이 예배 역사의 흐름을 살펴보면서 불편하게 느껴지는 부분이 있

◆
71) 팀 켈러, 센터처치, 두란노, 2016, p117-118.

다. 예배가 점점 하나님보다는 사람의 필요와 만족, 교회 성장을 더 중요시하는 방향으로 변화되려고 한다는 것이다. 물론 그 시대마다 상황과 문화에 맞게끔 발전해 온 것은 맞지만, 어느 순간 예배가 하나님보다 사람에게 초점이 많이 맞춰져 있음을 부인하기 어렵다. 예배의 방식, 순서 등에 대한 논의들도 중요하지만, 먼저 우리 예배의 목표와 본질을 제자리로 돌려놓는 것이 중요하다. 예배는 하나님을 영화롭게 하는 것이다. 예배는 하나님을 찬송하고 높이는 자리이며, 그분의 뜻과 임재가 있는 곳이다. 우리의 신앙 공동체에서 예배의 방향과 우선순위를 명확히 하자.

21 목회철학:
예배로 교회를 단단히 세우기

목회자는 교회를 섬기고 사역하면서 공동체의 전체 그림과 운영을 위한 기본 원칙을 세운다. 이렇게 목회를 위해서 그리는 목회적 관점, 개념, 비전을 목회철학이라고 부른다.

목회철학은 교회의 나아갈 비전과 목표, 리더십 운영, 양육 계획, 조직 구성, 재정 원칙과 운영, 섬김이, 전도, 지역 사회 내의 섬김 등 방대하면서도 구체적인 내용들을 포함한다. 그리고 이 목회철학에서 절대 빠질 수 없는 것이 바로 예배에 관한 것이다. 교회가 공동체로서 해야 할 가장 중요한 일이기 때문이다.

한 교회의 예배 목회철학은 그 교회가 예배를 세워 가는 큰 그림이기도 하고, 그 교회에 속한 성도들의 믿음과 성장에도 큰 영향을 끼치는 것이기에 잘 준비되어 있어야 한다. 그런데, 이 목회철학은 목회자가 혼자서 책임지고 가져야 할 의무나 권리가 아니다. 왜냐하면 교회를 세워 가는 것은 목회자 혼자만의 일이 아니라 교회 구성원 모두가 함께 해야 하는 일이기 때문이다. 그래서 목회철학은 목회자와 교회 리더들이 함께 기도하고 논의하면서 세워 가야 한다.

신학적 비전과 목회철학

뉴욕 리디머교회(Redeemer Presbyterian Church)의 설립 목사 팀 켈러(Timothy J. Keller)는 저서 『센터처치(the Center Church)』를 통해 자신의 목회철학을 공유했다. 이 책의 핵심은 신학적 비전(Theological Vision)이다. 많은 사람들이 리디머교회에 탐방을 와서 예배에서 무슨 악기를 사용하는가, 어떤 스타일의 음악으로 찬양하는가, 어떤 방식으로 설교와 예배가 구성되어 있는가 등 외형적인 부분을 살펴본다고 한다. 적지 않은 사람들이 그 교회의 예배에서 기대했던 특별함이나 새로움을 발견하지 못하고 실망한다는 것이다. 팀 켈러는 눈에 보이는 외형적인 시스템이나 프로그램보다도 오히려 내적인 목회철학을 나누는 것이 더 중요한 본질적 공유라고 강조한다.

팀 켈러는 교리적 기초를 하드웨어라 부르고, 실제로 펼쳐지는 사역을 소프트웨어라고 부른다면, 반드시 미들웨어라는 것이 필요하다고 말한다. 교리적인 믿음과 현장의 사역 사이에서 어떻게 복음을 특정한 문화적 상황과 역사적 순간 안으로 가져갈 것인가에 대해 잘 고

안된 비전이 있어야 한다는 것이다.[72] 목회자들이 같은 신학대학원과 교단에서 공부하고 훈련받아서 같은 신앙고백과 목회적 가치를 가질지라도 실제로 목회하고 섬기는 교회가 위치한 지역, 도시 또는 회중의 특성에 따라서 사역의 구체적인 모습은 다양해질 수밖에 없기 때문이다.

이 미들웨어가 바로 신학적 비전인데, 그는 미국 뉴욕에서 교회를 목양하면서 자신의 신학적 비전인 목회철학의 핵심을 센터처치(Center Church)라고 말한다. 리디머교회의 센터처치라는 신학적 비전은 미국과 전 세계 사람들이 모이는 국제적인 도시에서 금융, 패션, 다양성, 경쟁, 문화의 핵심지인 뉴욕의 사람들을 대상으로 어떻게 목회할 것인지에 대한 목회철학인 셈이다.

나는 교회 내의 모든 사역은 이 신학적 비전이라 부르는 목회철학을 통하여 세워 나가야 한다는 그의 말에 전적으로 동의한다. 사역 방법이나 목회 시스템은 모든 교회가 똑같이 할 수도 없고, 설령 한다 치더라도 똑같은 결과와 효과를 얻을 수가 없다. 모든 교회가 똑같은 조건과 환경에 있는 것이 아니기 때문이다. 각 교회의 교리적 기초와 지역 문화, 역사, 회중의 세대 및 성향을 고려하여 잘 세운 신학적 비전은 그 교회 예배의 방향과 순서를 정하는 중요한 기준이 된다.

◆
72) 위의 책, p25.

예배 철학의 중요성

이런 관점에서 본다면, 한 교회의 정체성이나 실제적인 예배와 사역들은 그 교회가 가지고 있는 신학적 비전을 근거로 만들어져야 한다. 사람들의 필요, 만족, 트렌드에 끌려다니다 보면 그 교회의 예배는 건강성과 균형을 잃을 수밖에 없다.

1970년대 이후 미국에서는 마라나타 뮤직, 빈야드 워십, 호산나 인티그리티와 같은 전문적인 찬양팀들이 인기를 얻으면서 지역 교회들도 전통적인 예전 형식에서 찬양, 설교, 헌신의 세 단계 순서로 이루어지는 샌드위치식 예배 스타일로 바꾸는 곳들이 생겨나기 시작했다. 목회자들은 설교 사역 중심으로 준비된 사람들이다 보니 자연스럽게 전문적인 찬양 사역자들을 청빙하여 예배를 인도하도록 했다.

하지만 설교를 하는 목회자들과 찬양 사역자들의 갈등이 적지 않게 일어났다. 그 이유는 여러 가지 있겠지만 핵심은 바로 신학적인 차이였다. 전통적인 교단에 속한 교회의 목회자와 주로 오순절이나 은사주의 배경에서 사역해 오던 찬양 사역자 간의 만남에서 신학적 충돌이 일어난 것이다. 예배의 순서, 멘트, 곡 선정, 인도 스타일, 그리고 예배 방향에서 서로 다른 신학과 가치를 가지고 있었던 것이다. 예배에서 하나님의 영광과 높임을 더 중요하게 생각하는 신학적 배경의 교회가 있는가 하면, 개인의 은혜와 임재 체험, 또는 부르심과 사명을 더 중요하게 생각하는 신학적 배경의 교회도 있을 것이다. 각자의 신학과 가치에 따라 강조점을 가지는 것은 당연한 것이다. 이 부분에 대한 이해와 정의 없이 한 예배에서 각자의 가치와 비전대로 사역한다면 그 예배나 회중은 혼란스러울 수밖에 없을 것이다.

예배 사역자 테리 맥린(Terri Bocklund McLean)은 현대 예배에서 찬양을 선정하는 기준으로 신학, 복음과 선교, 찬양 가사, 예배 스타일의 네 가지를 제시한 바 있다.[73] 그녀는 찬양의 가사를 중요하게 생각했는데, 찬양곡의 가사는 결국 그 교회와 예배의 신학적 비전과 방향에 영향을 받기 때문이라고 말했다.

한때 우리나라에서도 찬양곡의 번역 저작권 문제로 시끄러웠던 적이 있었다. 지금은 먼저 저작 등록된 곡으로 통일되고 있지만, 그때는 선교단체들, 찬양팀들, 그리고 교회들마다 각자 번역하여 불렀기 때문이다. 번역곡들의 다양한 가사는 단순히 번역이 조금 다른 정도의 문제가 아니다. 왜냐하면 번역곡들의 단어 선택은 그 교회나 단체의 신학적 비전이 반영되기 때문이다. 이 역시 각 교회나 단체의 신학 비전과 예배와 관련된 예배철학의 중요성을 엿볼 수 있는 부분이라 할 수 있다.

♦

73) T. B. McLean, New Harmonies: Choosing Contemporary Music for Worship, Alban Institue, 1999, p13.

비전 세우기에 회중이 참여해야

각 교회와 기독교 공동체는 자신들의 신학 및 신학적 비전에 따라 예배의 순서와 매뉴얼을 구성하는 것이 반드시 필요하다. 이 비전을 세우는 일에는 목회자들뿐만 아니라 예배를 섬기는 모든 사람과 모든 회중의 적극적인 참여와 지지가 함께 필요하다. 물론 담임목회자나 예배 담당 목회자가 주도적으로 예배철학을 세우고 예배 순서와 찬송을 선택해서 예배를 인도한다면 당장 예배의 인도는 쉬울 수 있지만 그러다 보면 섬기는 이들이나 회중은 예배에 점점 수동적으로만 머물 수밖에 없을 것이다.

예배는 목회자를 비롯하여 모두가 함께 하나님을 예배하는 것이며, 예배의 신학 비전을 세우는 일에 회중들의 능동적인 참여가 중요하다. 그렇다면, 신학적 비전을 세울 때 고려해야 할 부분에는 어떤 것들이 있을까? 다음 몇 가지를 고려해야 할 것이다.

첫째, 신학과 예배 모범이다. 각 교단의 헌법에는 교회 예배 순서에 대해서 간략하게만 제시하고 있다. 장로교회의 경우는 웨스트민스터 예배 모범이 예배의 큰 그림을 그리는 가이드가 될 수 있다. 예전 예식을 중요시하는 교단의 경우는 좀 더 구체적인 예배 모범을 제시하고 있다. 각 교단 신학에서 예배신학과 예배 모범을 기본적으로 아는 것이 중요하다. 그 예배 모범을 기본으로 하되 각 지역 교회의 특성을 고려하여 변화 및 발전된 예배 형태를 가질 수 있는지, 또는 주어진 예배 모범에 의해서만 드릴 수 있는지의 여부도 체크해 보아야 한다.

둘째, 위치이다. 교회의 위치는 다양한 문화적 영향을 줄 수 있다. 도심, 외곽, 신도시, 시골 등 교회 위치로 인한 사회 문화 요소는 예배 시간, 형식, 지향점 등의 다양성에 영향을 준다.

셋째, 연령이다. 예배 참여자의 연령대는 한 교회 내에서 시간대, 지역 차이 등으로 인하여 다르게 나타난다. 모든 연령대의 회중이 함께 예배할 수 있지만, 연령에 따라 예배 문화와 분위기가 다른 것도 사실이다. 연령대에 따라 찬양의 선곡이 명확하게 달라지므로 고려할 요소이다.

넷째, 변화 수용성이다. 변화에 대한 수용성은 교회마다 연령대마다 다르게 나타난다. 한 교회의 지나온 자취를 보면 변화에 대한 수용성을 어느 정도 짐작할 수 있다. 이 수용성에 따라서 복음 제시와 변화 속도의 조절이 필요하다.

Part 4

이런 예배가 되게 하소서

오늘날 신앙을 종교적이며 사적인 영역이라 생각하는 사람들이 많다. 이런 이유로 우리 사회에는 예배와 신앙생활을 한 개인의 삶으로 제한하려는 분위기가 점점 커지고 있고, 그리스도인 역시 스스로 신앙을 개인이나 교회, 또는 같은 그리스도인들과의 관계에서만 적용하려는 분위기마저 생겼다. 우리의 신앙을 일요일에 교회에 가서 예배와 소그룹 모임에 참여하고, 같은 그리스도인들과 교제하는 것만으로 제한하는 것은 올바르지 않다.

성경은 그렇게 말하지 않는다. 신약성경에서 많은 분량을 차지하는 서신서들을 보더라도 믿음은 삶의 다양한 문제들을 포함하고 있다. 신앙과 삶은 절대 분리할 수 없다. 우리의 예배 역시 개인의 문제에 중점을 두는 사적 영역이 아니다. 우리의 예배는 삶으로 이어져야 하며, 오늘 우리가 살아가는 사회와 사람들을 품고 하나님 나라를 구하는 곳이다.

예배는 또한 시대적 상황에 눈을 닫아서는 안 된다. 청년 세대의 예배와 선교 문제, 온라인 예배에 대한 인식과 활용 등 계속 고민하며 해결해 가야 할 과제들이 많다. 이번 파트에서는 예배와 사회와의 관계, 예배와 관련된 몇 가지 이슈들의 해결 방안을 함께 고민해 보고자 한다.

22 비전:
하나님의 꿈이 내 삶에서

우리는 하나님의 은혜가 필요한 존재다. 우리는 예배를 통해 하나님 앞에 나갈 때마다 그분의 품에서 쉼을 얻기를 구한다. 삶에서 경험하는 피로와 아픔을 그 어디에서도 쉽게 덜어 낼 수 없지만, 그분 안에서는 가능하기 때문이다. 하나님은 단순히 위로와 격려로만 우리를 회복하는 분이 아니시다. 하나님은 우리 각자가 처한 삶의 현실에서 우리 자신의 정체성과 삶의 목적을 재정의 하심으로써 우리의 마음을 단단하게 하신다. 단순한 위로를 넘어 우리가 하나님 나라의 소명을 발견하며 참된 인생을 살아가도록 인도하는 분이시다.

창조 세계를 회복하는 꿈

예배는 우리 일상에서의 하나님 나라를 상상하는 곳이다. 그리스도인은 교회 밖의 세상을 무시하거나 우리의 삶에서 세상을 분리할 수 없다. 하나님은 세상을 친히 창조하셨으며, 사람에게 다스리고 가꾸어야 할 기업으로 주셨기 때문이다.

> "하나님이 이르시되 우리의 형상을 따라 우리의 모양대로 우리가 사람을 만들고 그들로 바다의 물고기와 하늘의 새와 가축과 온 땅과 땅에 기는 모든 것을 다스리게 하자 하시고"(창 1:26)

하나님께서 다스리고 가꾸라고 명령하신 영역은 자연 세계와 사람들 간에 일어나는 모든 문화를 포함한다. 비록 사람의 죄로 인하여 창조 세계는 엉망이 되었지만, 하나님은 자신의 백성들에게 그 창조 세계를 다시 회복하고 가꾸는 꿈을 주신다. 그리스도인은 주님께서 다시 오실 때까지 이 소명을 가지고 살아가는 사람들이다.

예배는 그 소명을 받은 그리스도인들이 세상에서의 하나님 나라를 마음껏 꿈꾸는 곳이다. 물론 현실이 만만치 않다. 소명은커녕 자기 자신의 일상생활을 지켜 내기도 힘든 것이 현실이다. 그리스도인은 복음 안에서 꿈꿀 수 있는 하나님의 나라, 사랑, 회복, 소망 등의 큰 그림을 가지고 각자의 인생을 살아 내는 사람이다. 예배는 이런 꿈을 꾸는 것을 가능케 하는 하나님의 임재 장소이다.

이때 하나님 나라 상상을 단순히 마음속으로만 생각하고 허황되게 꿈꾸는 것으로 오해해서는 안 된다. 오히려 이 상상은 생산적이며 실현 가능성이 있는 계획이다. 복음을 전제로 하여 각자가 실제로 살아갈 구체적인 행동과 삶의 방식을 마음에서 미리 그려 내는 것이다. 이런 계획과 능력은 예배에서 길러질 수 있다. 예배에서 하나님 나라를 상상하는 것은 삶의 예배를 위해 아주 구체적이며 현실적이어야 한다.

믿음으로 살아가는 삶

설교가 예배의 전부는 아니지만 그 중요성은 아무리 강조해도 지나치지 않을 것이다. 예배에 참석한 회중은 기록된 성경을 읽고, 설교를 듣는 가운데 하나님과 그의 나라에 관하여, 하나님의 뜻에 따라 살아갈 믿음의 삶에 관하여 배우게 된다. 설교자가 준비한 설교를 전달할 때, 성령님은 그 말씀으로 각 사람의 마음에 하나님의 뜻을 전달하신다. 성령님은 또한 그 설교를 통하여 각 예배자의 마음을 회복하시고, 믿음의 길을 살아 낼 수 있도록 예배자를 온전한 믿음의 사람으로 형성하신다.

이런 관점으로 보면, 예배 중의 설교는 단순히 신앙에 대한 이론이나 과거 역사를 풀어내는 이야기가 아니다. 성경에 대한 지적 욕구 충족이나 정보 전달이 설교의 전부가 아니라는 것이다. 설교는 성경을 통하여 오늘을 살아가는 믿음의 삶에 대해서 묵상하고, 구체적으로 적용하도록 인도하시는 하나님의 메시지라 할 수 있다.

예배의 설교에는 상황화(contextualization)의 과정이 반드시 필요하다. 상황화는 성경(text)을 우리가 살아가는 삶의 상황(context)으로 적용하는 것을 말한다. 팀 켈러는 이 상황화를 '특정 시기와 특정 지역에서 사람들이 삶에 대해 갖는 질문에 대해 그들이 이해할 수 있는 언어와 형태로, 그리고 그들이 힘 있게 느낄 수 있는 호소와 논증을 통해서 성경의 답을 주는 것'이라고 정의한다.[74]

그리스도인은 예수 그리스도를 통하여 하나님의 자녀가 된 이후부터 성경을 묵상하며 하나님의 뜻을 알아 가고, 그 가치대로 살아가는 사람이다. 예배에 참석한 회중은 하나님을 찬양함과 동시에 하나님의 뜻대로 자신의 삶을 살아 내기 위해서 설교를 들으며 하나님의 말씀을 듣고 배운다. 만약 그리스도인이 천국에 들어가는 것만 중요하다면 두껍고 어려운 성경 전체를 모두 읽어야 할 이유가 없을 것이다.

성경을 하나님 나라와 언약, 구속과 회복이라는 큰 주제로 간략히 정리할 수도 있지만, 성경에 담긴 하나님의 지혜는 무한하기에 큰 주제만 요약하고 이해하는 것은 옳지 않다. 만약 성경을 개인 구원에 관한 말씀으로 제한하여 읽거나 어떤 특정한 주제만 겨냥하여 읽을 경우 우리는 균형 잡힌 복음을 듣지 못하게 되는 것이며, 이는 곧 우리로 하여금 온전치 못한 신앙으로 기울게 할 위험성이 있다. 설교를 개인이

♦

74) 팀 켈러, 앞의 책, p189.

받을 은혜와 기도의 응답에 초점을 맞추어 듣다 보면 우리의 믿음은 하나님과 그분의 통치와 관계없이 개인의 복을 위한 종교적 신념으로 기울어질 위험성이 크다.

하나님은 우리가 성경을 통해 하나님과 그분의 나라에 대해 제대로 이해하고, 그분의 뜻대로 살아가기를 원하신다. 하나님은 그리스도인과 교회 공동체가 오늘의 온전한 삶을 살아 내도록 성경을 믿음의 가이드로 주셨다. 그러므로 예배자인 회중은 예배에서 하나님의 뜻을 알고, 그 뜻대로 살아가는 하나님 나라의 백성의 삶을 꿈꾼다.

성경의 지혜는 무한하다

사실 자기중심적인 신앙은 누구에게서나 볼 수 있는 모습일 것이다. 너 나 할 것 없이 사람은 자기를 사랑하는 존재이기 때문이다. 우리는 예배를 드릴 때마다 하나님보다 우리가 받을 하나님의 사랑과 위로에 더 큰 관심을 가진다. 우리에게는 이 땅의 삶을 잘 살아 낼 능력과 지혜가 없기 때문이다. 각자가 처한 삶의 고난을 이겨 낼 힘을 구하기도 하고, 그 모든 것을 하나님께서 해결해 주시기를 구하기도 한다. 그런 하나님의 힘과 도움을 구할 때 우리 마음에는 소망과 기대가 생긴다.

하지만 나는 예배의 더 큰 묘미는 변화에 있다고 생각한다. 연약한 우리가 예배를 드리면서 힘든 나의 상황보다 내 생각과 마음이 먼저 변하는 것이다. 우리의 슬픔이 기쁨과 평안으로 바뀌고, 나 자신의 만족보다 진리의 삶을 더 원하게 되는 신비한 일들이 하나님을 예배하는 자리에서 일어난다. 하나님의 임재 앞에서 그분의 지혜를 배우고, 나의 만족보다는 그분께서 알려 주신 소명의 삶을 갈망하게 되는 것이다. 이렇게 우리는 예배에서 생각지 못한 부분과 방식으로 은혜를 경험한다.

하나님께 예배할 때마다 우리는 이런 하나님의 은혜를 기대하며 먼저 우리 자신의 태도의 변화를 위해서 성령님의 도우심을 구해야 한다. 또한 우리의 시각 조정이 필요하다. 자기만을 바라보던 시선을 하나님께로 전환하는 것이다. 이것이 바로 예배의 시작점이다. 하나님께서 행하실 일들을 기대하면서 말이다. 내 삶의 애환을 잠시 내려 두고 크고 놀라운 일을 행하신 하나님을 높임으로 예배를 시작한다.

예배에 회중으로 앉아 있는 사람들 중에는 삶의 문제가 쌓여 있고, 당장 하나님의 위로와 도우심이 절실하게 필요한 사람들이 적지 않다. 내 삶의 문제들이 아무리 힘겨워도 우리는 나 자신과 세상을 향한 하나님의 계획과 뜻을 듣고, 그 계획 속에서 나를 바꾸어 온전케 하실 하나님을 기대하는 마음으로 예배하는 것이다. 하나님 나라 백성에 걸맞도록 나를 변화케 할 수술과 훈련이 예배에서 일어날 것을 바라면서 말이다.

최근 온라인 예배를 드리면서 놀랐던 것은 우리가 너무 쉽게 예배의 방관자가 되어 버린다는 사실이다. 온라인 예배는 어떤 어려운 상황에서도 각자 있는 곳에서 동일한 영상으로, 동일하신 성령님 안에서 예배할 수 있는 장점을 가졌지만 하나님 앞에서 예배한다는 인식이 쉽게 무너지는 단점도 있다. 눈과 귀는 온라인으로 송출되는 예배에 머물지만, 우리의 마음이 너무 쉽게 다른 곳을 향하고 있어 온전히 주님께 마음을 드리며 예배하기가 어려웠다. 예배 방식에 관계없이 우리는 예배할 때마다 하나님께서 그 예배를 받으시는 것과, 우리가 하나님과 영으로 대면하고 있음을 믿는 믿음이 필요하다.

> "믿음이 없이는 하나님을 기쁘시게 하지 못하나니 하나님께 나아가는 자는 반드시 그가 계신 것과 또한 그가 자기를 찾는 자들에게 상 주시는 이심을 믿어야 할지니라"(히 11:6)

더 나아가 회중이 모든 상황 속에서 하나님께서 행하실 일들에 대한 기대감 없이 예배하는 것은 진실된 예배라 할 수 없다. 온라인으로 예배할지라도 회중은 하나님을 예배하는 것이다. 예배받으시는 분은 하나님이시고, 예배하는 자는 회중이니까. 그 예배에서 회중은 자신이 원하는 삶의 성취를 꿈꾸기보다 하나님의 꿈이 자신의 삶에서 이루어지는 상상이 가득했으면 좋겠다. 나의 예배가 그런 예배 되기를 소망한다.

23

기도:
이 땅에 하나님의 나라가 임하시기를

하나님 나라는 개인 신앙의 영역을 뛰어넘는 전 우주적인 차원의 문제이다. 하나님 나라는 하나님께서 창조하신 세계의 우주적인 회복이 이루어지는 나라다. 그리스도인은 예배에서 우리가 살아가는 사회와 세상에서 회복될 하나님의 나라를 구한다.

세상을 섬기는 거룩한 참여

오늘날 우리 사회는 기독교 신앙을 사적 영역으로 인식하고, 공적 영역에서 그리스도인의 역할을 별로 기대하지 않는 것 같다. 그리스도인들조차도 복음을 개인의 구원을 위한 것으로 인식하는 경향이 있다. 그러나 복음은 단순히 개인의 구원과 신앙만을 위한 것이 아니다. 복음은 오히려 우리로 하여금 세상에서 하나님의 소명대로 살아가도록 이끈다.

복음은 사적 영역과 공적 영역을 구분하거나 거룩한 영역과 속된 영역을 구분하는 것을 절대 허락하지 않는다. 복음은 그리스도인으로 하여금 교회 밖의 세상을 구분 지어 배척할 것이 아니라 오히려 세상을 섬기고, 더 나아가 공적 영역에서의 거룩한 참여를 명령한다.

존 스토트(John R. W. Stott)는 그리스도인의 세상에 대한 태도가 도피 아니면 참여로 극명하게 둘로 나눠지는 현상을 문제점으로 지적했다. 도피는 세상을 거부하여 등을 돌리고, 도움을 청하는 세상의 괴로운 부르짖음에 마음을 닫아 버리는 것이다. 반대로 참여는 긍휼의 마음으로 세상을 돌보고, 우리의 손이 더러워지고 상처가 나더라도 세상을 섬기는 것이며, 마음속 깊은 곳에서 억누를 수 없는 하나님의 사랑이 일어나는 상태를 말한다. [75)]

우리 그리스도인에게 필요한 것은 도피가 아니라 참여다. 그리스도인의 신앙은 단순히 개인을 위한 구원, 은혜, 복, 평안, 형통의 선을 넘어 훨씬 이상의 것을 목표로 하고 있기 때문이다. 복음은 그리스도인으로 하여금 하나님의 창조 세계인 세상과 사회와의 건강 연결 고리를 새롭게 만들며, 그곳에서 우리가 해야 할 사명을 가르쳐 준다. 데이비드 웰스(David Wells)는 다음과 같이 복음의 상황화를 설명하며 우리

♦
75) 존 스토트, 현대 사회 문제와 그리스도인의 책임, IVP, 2011, p24-25.

의 믿음이 사회와 연결되어야 함을 알려 준다.

"복음의 상황화는 단순히 성경 교리의 실천적인 적용에 대한 것이 아니라, 우리가 살아가고 있는 삶에서 지배적 힘을 발휘하는 사회적 구조와 삶의 방식, 현실과 연결되는 개념들로 교리를 번역하는 것이다."[76]

먼저 기도하고 구하라

'교회를 세우시고 이 땅 고쳐 주소서 주님 나라 임하시고 주 뜻 이뤄지리라', '하나님 나라 임하소서 영광과 존귀 능력과 위엄' 등 언젠가 하나님의 나라를 구하며 찬양을 많이 불렀던 때가 생각난다. 하나님 나라는 우리 믿음의 핵심이며, 예배에서도 우선순위를 가진다. 예수님은 우리에게 하나님 앞에 나아갈 때마다 이를 위해서 먼저 기도하고 구하라고 가르치셨다.

"그러므로 너희는 이렇게 기도하라 하늘에 계신 우리 아버지여 이름이 거룩히 여김을 받으시오며 나라가 임하시오며 뜻이 하늘에서 이루어진 것 같이 땅에서도 이루어지이다"(마 6:9~10)

◆
76) David Wells, "The Painful Transition from Theoria to Parxis", Evangelsim and Modern America, ed. George Marsden, Eerdmans, 1984, p90, 재인용, 팀 켈러, 앞의 책, p192.

"그런즉 너희는 먼저 그의 나라와 그의 의를 구하라 그리하면 이 모든 것을 너희에게 더하시리라"(마 6:33)

교회는 하나님의 샬롬을 꿈꾸는 공동체이다. 교회는 이 땅에서의 하나님 나라를 상상하고, 이를 위해 이웃을 사랑하고 섬기는 그리스도의 형상을 본받은 자들의 공동체이다. 교회는 예배를 통해 하나님을 영화롭게 할뿐만 아니라 이 땅에서 하나님의 나라 이루어 가기를 꿈꾸고, 이를 위해 실행하는 개인과 공동체가 되기를 구한다.

예배에서 하나님 나라를 구한다는 것은 구체적으로 우리가 살아가고 있는 가정, 직장, 모임, 사회, 세계에서 하나님의 주권의 드러나고, 그분의 통치와 방법대로 변화됨을 구하는 것을 말한다. 사회와 세상을 향한 복음의 상황화가 구체적으로 적용되는 것이다. 예배에 참여하는 회중은 현재를 살아가고 있기 때문에 결코 복음과 사회가 분리될 수 없음을 기억해야 한다.

물론 사회와 세상을 포함하는 복음의 상황화를 구체적으로 적용하는 것은 간단하지 않다. 하나님의 나라는 우리가 살아가고 있는 세상과 사회 영역의 변화를 필수적으로 요구한다. 사회의 변화는 곧 정치 문제와도 분리될 수 없는 문제인데, 만약 예배 중에 정치에 관련된 주제나 사회 변화에 대한 견해가 나올 경우 회중은 아주 예민하다.

예수님은 하나님 나라를 어떻게 선포하셨을까? 예수님은 정치 행위를 하신 적은 없지만, 그분의 복음은 정치적이었다고 말할 수 있다. 예수님의 복음은 하나님 나라에 대한 말씀이었고, 이는 당시 상황에서 굉장한 사회 변혁적 성격을 가지고 있었다. 그래서 당시 로마 집권자들이나 유대 지도자들이 예수님의 가르침과 행보에 예민해질 수밖에 없었다.

예수님을 따라가는 교회와 기독 공동체가 무조건 '정치'라는 단어에 부정적인 반응을 보일 필요는 없을 것이다. 제임스 스미스는 다음과 같이 말한다.

"교회는 우리로 하여금 어떻게 정치가 달라질 수 있는지 상상하도록 초대하는 정치체다. 그리고 우리는 예배를 마치고 우리 이웃에게, 우리 이웃을 위해 그리스도의 형상을 지닌 이가 되라고 보냄받는다. 우리는 번영에 이바지하지만 특히 약한 이들─우리 가운데 있는 과부, 고아, 이방인─에게 관심을 기울이는 방식으로 사회적 세계의 질서를 세우라는 피조물의 청지기직과 책임을 수행하라고 보냄받는다. 중생과 성화라는 성령의 능력이 연대를 만들어 내는 정치적 의지를 함양하기도 한다."[77]

---

77) 제임스 스미스, 왕을 기다리며, IVP, 2019, p50.

우리가 예배 중에 세상에서 하나님의 나라를 이루어 가기 위해 구체적인 적용을 고민해야 하는 것은 당연하다. 물론 쉽지 않은 문제이다. 어렵다고 해서 의도적으로 침묵하거나 거론하지 않는 것도 온전치 않다. 예배를 이끌어 가는 목회자나 리더들은 예배에 참여하는 회중들이 다양한 정치적 견해를 가지고 있음을 인정해야 하고, 또한 구체적으로 어떤 한 정당의 정치나 정치 성향을 고수하고 지지를 강요하는 것은 조심해야 하며, 하나님 나라의 원칙과 핵심을 통념적으로 잘 전달하는 것이 중요하다. 교회와 회중은 다양하면서도 구체적인 복음의 상황화에 대하여 포용성을 가지고 함께 고민할 줄 아는 열린 공동체가 되어야 한다. 마지막 때에 완성될 하나님의 나라를 기대하는 동시에, 오늘 이 땅에서 하나님의 나라가 동일하게 임하기를 구하고 이루어 내는 교회가 되어야 한다. 우리는 이렇게 예배를 통해 하나님 앞에 나아갈 때마다 하나님의 나라를 구한다.

24 세대:
예배하는 청년들

    예배학을 공부하는 중에 나의 관심을 끄는 수업이 있었다. 예배의 이슈들을 다루는 수업 중 청년 세대의 예배에 관한 부분이었다. 나는 계속 청년 사역을 해 온 터라 이 주제에 더 많은 흥미를 느꼈다. 당시 청년 세대를 위한 예배와 관련하여 이머징 예배(Emerging Worship)에 대한 관심과 논의가 많았던 때였다.[78] 그 수업 덕분에 교회와 사회, 교회

---

78) 이머징 예배(Emerging Worship)는 포스트모던 시대를 살아가고 있는 세대들이 보다 적극적이고 능동적으로 예배에 참여하도록 하기 위해 새롭게 시도된 예배의 형태이다. 이머징 예배라는 말 자체를 한마디로 정의하기가 어렵고, 실제로 이머징 예배를 드리는 교회마다 다양한 형태로 진행되었다. 다만 열린 예배(Seeker's Service)가 의도적으로 기독교의 이미지를 제거하고 현대적 감각으로만 접근하는 것과는 반대로 영적인 경외감을 표현하기 위해 십자가를 비롯한 교회의 상징들을 현대적 기기를 활용해 보여줌으로써 회중이 기독교의 신비를 경험할 수 있도록 했다. 십자가와 촛불을 사용하여 예배에 집중케 하기도 하고, 인도자와 회중이 유기적인 관계 안에서 예배할 수 있도록 했다.

와 세대 간의 문제들을 예배 중심으로 풀어내려는 노력과 대안들에 대해서 심층 연구할 수 있는 특별한 기회를 가질 수 있었다.

다음 세대를 향한 믿음의 계승 및 선교는 중요한 문제지만 뾰족한 대안을 찾는 것이 쉽지 않다. 그렇지만 현세대는 다음 세대의 신앙을 위한 예배와 양육에 대해서 열린 마음, 끊임없는 중보와 관심, 그리고 연구와 수고를 아끼지 않아야 한다.

MZ세대와 주인 의식

제2차 세계대전 이후 1950년대에 태어난 베이비 붐 세대(Baby Boomers)의 자녀들을 에코붐 세대(Echo Boomer)라고 하고, 대략 1979~1997년 사이에 출생했다. 이는 밀레니얼 세대라고도 부른다. 대략 20대 중반에서 40대 중반에 해당되는 청년 세대이다. 이 밀레니얼 세대(1980~2000년생)와 그 다음의 Z세대(1995~2004년생)를 통합하여 MZ세대라 칭하며 시장 경제나 비즈니스의 주요한 세대로, 또한 문화를 주도하는 세대로 큰 관심을 두고 있다. 경제계와 정치계에서는 이 세대의 마음을 얻기 위해서 여러 모로 연구하고 접근하는 경향이 나타나고 있는데, 이는 MZ세대의 표심, 소비문화가 정치나 경제의 흐름에도 큰 영향을 주는 증거라 할 수 있다.

교회 역시 MZ세대의 중요성을 모르는 바는 아니지만 이 세대와 교회와의 현실적 거리는 점점 더 멀어지는 것 같아 안타깝다. MZ세대 그리스도인들이 사회적 거리두기를 거치면서 비대면 예배와 문화 속에서 점점 더 복음과 멀어지는 것은 아닌가 우려된다.

우리는 어떤 대안을 내놓기 전에 교회나 예배 내에서 MZ세대가 위치하고 있는 모습을 먼저 살펴볼 필요가 있다. 우리 예배에서 이 청년 세대의 위치와 모습은 어떠할까? 먼저 예배에서 섬김과 봉사를 요구받는 세대라 할 수 있고, 교회에서 많은 섬김을 요구받아 왔다. 건강하고 활동성이 높아 여러 일을 배워서 잘할 수 있는 가능성이 가장 높은 세대이다.

그러다 보니 교회 내의 여러 자리에서 청년 세대가 함께 섬겨 주기를 원하는 요청들이 넘쳐 난다. 예배에서 청년 세대가 가장 많이 섬기는 자리는 찬양팀이고, 악기 연주나 싱어로서 사람들 앞에서 찬양 시간을 이끄는 주요 세대이다. 방송실 역시 전문 음향 간사가 있더라도 부수적인 일들은 이 세대가 맡고 있는 경우가 많다.

그런데 MZ세대는 예배에서 아무런 권한이 없다. 교회 내의 많은 일을 할 때 리더십을 가지고 의견을 내거나 사역을 주도하기보다 정해진 사역에 따라가는 편이다. 청년들의 위치는 찬양팀에서 콘티를 구성한다든지, 예배 전체를 기획하고 운영하는 일들을 결정하는 자리와는 거리가 멀다. 물론 예배를 기획 및 구성하는 일은 신학을 공부한 목회자나 교회 리더십에 의해 진행되는 것이 맞다. 다만 목회자와 함께 세부적인 일들을 고민하고 일할 수 있도록 기회를 줄 수도 있을 텐데, 실제로 교회 안에서 그런 위치와 권한이 청년들에게 좀처럼 주어지지 않는다.

오늘날 청년 세대는 일의 참여를 통해 실제로 경험하는 것을 중요하게 여기는 세대라 할 수 있다. 물론 풍부한 경험이나 똑 부러지는 능숙한 능력이 부족할 수도 있으나 스스로 결정하면서 능동적이고 창의적으로 만들어 가는 성향이 가장 왕성하고, 교회의 내일을 짊어질 세대라는 것을 인지한다면 더 많은 기회와 권한을 주며 성장할 수 있도록 해야 하는데, 실상은 그렇지 못한 것이 아쉽다. 교회가 청년 세대를 단순히 위로하고 격려하는 수준을 뛰어넘어서 청년들이 주인 의식을 갖고 적극적으로 예배에 참여할 수 있는 기회와 권한을 많이 주면 좋겠다.

세대 사역의 변화

교회들이 청년 세대를 위해서 아무것도 하지 않은 것은 아니다. 많은 수고와 노력이 있었지만, 좀 더 전략적이고 결과가 있는 대안과 접근이 필요하다. 그렇다면 예배와 관련하여 다음 세대를 위한 어떤 노력과 도움의 변화가 필요할까?

먼저 예배 교육 및 신앙 교육이 필요하다. 예배에서 청년 회중들을 품기 위해서 무조건 자율성을 주는 것이 대안은 아니다. 좋은 양육과 지도가 우선되어야 한다. 성경은 출애굽기와 레위기의 많은 분량을 할애

하여 예배에 대해서 알려 주고 있다. 하나님께서 예배 방식을 구체적으로 알려 주신 것이다. 성막 형태와 예배 방식에 대해서 상세히 말이다.

신약시대에 와서는 하나님께서 구약시대처럼 구체적으로 예배 방식을 성경에 기록하여 가르쳐 주신 것은 아니지만 예수 그리스도를 통해 새 언약 중심의 예배를 가르쳐 주셨다. 예배하는 것을 명령하시는 것과 동시에 올바른 예배의 본질과 의미도 함께 알려 주신 것이다. 예배의 참여와 외적인 봉사보다 더 우선되어야 할 것은 진정한 하나님의 백성으로서 참 그리스도인이 되는 것이다.

혹여나 청년들이 신앙과 신앙 교육에 관심 없을 것 같아서 걱정하거나 좀 더 편하게 해 주자고 말할 수도 있다. 정말 좋은 방법일까? 나는 레기 맥닐(Reggie McNeal)의 책을 읽으면서 재미있는 부분을 발견했다. '현대인들이 교회에 대하여는 관심을 껐지만, 여전히 예수 그리스도에게는 관심이 많다'는 것이다.[79] 여전히 예배하는 자리, 복음이 선포되는 자리에 청년 세대가 머물고 있다는 것은 그만큼 이 세대가 하나님을 사랑하고, 하나님의 뜻대로 살아가기 원한다는 증거이다.

청년 세대 중에도 여전히 하나님을 알고 싶어 하는 사람들이 생기고 있으며, 하나님과 복음에 대하여 알려 줄 수 있는 곳을 찾고 있다. 청년들과 함께 신앙생활 하며 사역하는 나는 MZ세대가 여전히 주님을

♦
79) Reggie NcNeal, The Present Future, Jossey-Bass, 2009, p12.

필요로 하고, 복음에 관하여 많은 관심을 가지고 있음을 체감한다. 캠퍼스 예배와 모임에 신앙이 없는 새로운 학생들이 기독교 복음을 듣고 배우고자 참석하는 일들을 자주 경험하고 있기 때문이다.

물론 사람들과의 관계나 일시적인 호기심 때문에 예배에 참석하기도 하지만, 그 학생들이 딱딱하고 본질적인 신앙 교육이 있는 예배에 지속적으로 나오는 것을 보면서 여전히 젊은 세대가 복음의 진리 안에서 인생의 길을 찾는 일을 멈추지 않았다고 확신한다. 그러므로 교회와 기성세대는 청년 세대를 복음의 본질이 있는 예배와 양육으로 이끌어야 하고, 성령님 안에서 잘 성장하도록 계속 지도해야 한다.

다음으로, 청년 세대가 예배에서 리더십을 가지고 섬기도록 하면 좋겠다. 이미 많은 교회의 청년부와 청소년부는 자체 예배를 드리고 있다. 그렇지만 청년과 청소년들이 주도적으로 인도하고 있는 것은 아니다. 기본적인 신앙 훈련, 예배 훈련 후에 목회자의 지도 아래 자신들이 직접 계획하고 함께 이끌어 가면서 청년 세대 스스로 예배와 신앙의 주체가 되도록 돕는 것이 중요하다.

팬데믹 시기를 지나면서 한국교회는 공예배와 양육이 흐지부지해졌다. 그 상황이 여전히 이어지고 있지만, 이제 두려움을 떨쳐 버리고 청년 세대를 위한 과감한 도전을 시도하면 좋겠다. 청년 세대의 부흥과 성장을 위해 조금 실험적이라고 할 만큼 그들에게 예배 주도권을 주고, 재정적인 지원도 아끼지 않았으면 한다. 물론 목회자와 교회 리더십들이 청년들을 지속적으로 교육하고, 멘토로서 지도하는 것을 지속하면서 말이다.

또 하나, 청년 세대가 공예배에서 봉사하는 이, 따라와야 할 이가 아닌 함께 동역할 이로 인식하고 운영하는 리더십 자리에도 함께하면 좋겠다. 청년 예배, 청소년 예배만 드려야 할 이유는 없다. 게다가 부서 구분 없이 모든 세대가 함께 주일예배를 드리는 교회도 많다.

청년들의 주체적인 신앙과 예배를 돕는 것은 단순히 예배의 분리 여부보다 예배에서 그 세대의 신앙, 생각, 의견을 얼마나 의미 있게 다루는가가 더 중요하다. 청년 세대는 단순히 예배에서 봉사하고 섬기는 세대가 아니고, 찬양팀에서 악기를 연주하고, 싱어로 찬양하는 섬김이만 될 수 있는 것도 아니다. 예배 내에 다양한 역할을 주도하도록 돕는 방법으로 바뀌어야 한다.

25

뉴노멀:
온택트와 함께하는 예배

팬데믹은 우리 사회에 사회적 거리두기라는 언택트(uncontact)를 가져왔다. 이런 사회적 단절의 시기에 사람들은 대면 만남을 자제했지만, 그렇다고 대인 관계를 끊은 것은 아니다. 오히려 관계에 대한 열망이 더 커져서 온라인 방식으로 새로운 사회 관계가 구축되었고, 경제 사회 분야에서도 온라인 방식의 유통 라인이 커지는 등 온택트(on contact)의 시대가 본격화되었다. 교회 역시 새로운 시대에 발맞춰 예배, 훈련, 각종 모임에 온라인을 잘 활용하고 있다.

온라인 예배의 인식 변화

팬데믹이 시작되기 전까지는 온라인 예배에 대한 기독교 시각은 그리 긍정적이지 않았다. 이미 디지털 문화가 빠르게 우리 사회 전반에 자리를 잡았고, 여러 분야에서의 온라인 업무가 일상이 되었지만, 기독교에서의 온라인은 예배보다는 교회의 부가적인 기능을 위해서 사용되었다. 교회마다 웹사이트에 찬양과 설교를 공유해서 전도나 교회 홍보를 하거나 특별한 직업군의 종사자들이나 개인의 특별한 상황으로 주일성수가 어려운 사람들을 돕는 정도였다.

팬데믹을 지나면서 교회 내 온라인 활용에 큰 변화가 있었다. 두 해 동안 온라인으로만 비대면 예배를 드리면서 온라인 예배가 친숙해졌고, 인식 역시 긍정적으로 바뀌었다.

그러다 보니 대면 예배로 복귀한 지금도 온라인 예배를 함께 운영하는 교회들이 많다. 사회적 거리두기가 해제된 후에 한 조사 기관에서 시행한 설문 조사의 결과를 보면 76.7퍼센트의 교회가 현장 예배와 동시에 실시간으로 온라인 중계를 하고 있다고 답했고, 24.5퍼센트의 사람들이 만약 자신이 출석하는 교회가 온라인 예배를 제공하지 않는다면 다른 교회 온라인 예배를 통해서라도 온라인으로 예배드리겠다고 답했다.[80] 이는 온라인 예배에 대한 인식에 변화가 생겼음은 물론 더 선호하는 사람들이 있음을 의미한다.

앞으로 온라인 예배는 완전히 없어지는 것이 아니라 대면 예배와 함께 병행될 것으로 보인다. 온라인 예배를 더 편하게 생각하거나 여

◆
80) 지용근 외, 한국교회 트렌드 2023, 규장, 2022, p79-81.

러 이유로 온라인 예배가 필요한 사람들이 많아질 것이기 때문이다. 이런 상황을 고려하여 우리는 앞으로 온라인 예배를 성도들의 예배와 신앙을 돕는 또 하나의 방법으로 연구하여 잘 사용해야 한다.

인정과 한계

온라인으로 예배드리는 것은 문제가 없는가? 그렇다. 우리는 이미 팬데믹의 초반 2년 동안 온라인만으로 예배를 드린 역사가 있다. 회중은 이미 예배의 한 형태로 받아들였다. 또한 디지털 기술과 문화의 발전, 온라인 문화 등의 시대적 상황으로 보면, 디지털 미디어 방식의 온라인 예배는 자연스럽게 받아들여지고 있다. 더 나아가 개인이나 소모임의 예배를 도울 수 있는 장점까지 있어 온라인 예배의 지속성은 긍정적이다.

하지만 교회론의 입장에서 보면 온라인 예배에는 보완할 부분이 있다. 그리스도인은 교회 공동체에서 함께 자라고, 세워지고, 예배하기에 교회론 시각에서 평가와 보완이 필요하다.

예수님의 승천과 성령 강림 사건 이후부터 그리스도인은 교회로 모였다. 그곳에서 사도의 가르침을 통해 복음을 듣고 배웠다. 함께 교제하고 기도했다. 함께 떡을 떼며 예수 그리스도를 믿는 믿음의 의미를 되새기고 감사를 드렸다. 서로 돕고 세우는 관계를 가졌다. 무엇보다 하나님을 찬송하며 기쁘게 하는 일로 서로의 믿음을 세웠으며, 건강한 신앙과 문화를 만들어 갔다. 그렇게 형성된 공동체는 지역 사회에서 좋은 소문이 나기 시작했으며, 예수 그리스도를 통한 복음을 들을 수 있는 곳이 되었다. 그 모임은 사도의 가르침, 교제 속에서 믿음과 삶에 대한 깊은 고민을 하며 훈련받는 신앙의 중심지가 된 것이다. 이는 사도행전 2장에 기록된 초대교회의 모습이다.

이와 같이 교회는 올바른 믿음과 거룩한 삶을 함께하는 신앙 공동체이다. 함께 믿음이 자라고 교제하는 신앙 공동체가 없는 예배란 있을 수 없다.

온라인 예배의 아쉬운 점이 바로 이것이다. 공동체성이 약한 것이다. 온라인 중심의 예배와 교제만으로 믿음의 본질을 지키고, 성장하는 신앙생활을 하는 것에는 한계가 있다.

온라인 예배의 보완점

개인의 직업이나 일정 문제, 다시 피어오를 수도 있는 감염에 대한 우려, 사람들과의 관계 스트레스 피하기 등의 이유로 온라인 예배는 계속 지속될 것이며, 앞에서 언급한 설문 조사의 결과처럼 온라인 예배를 선호하는 회중도 계속 있을 것이다.

교회들은 온라인 예배를 드리는 회중이 신앙 공동체가 주는 유익과 단절된 채 믿음의 사각지대에 놓이지 않도록 온라인 예배의 단점을 보완해야 한다. 이를 위해 다음 몇 가지 항목을 잘 점검하고 대안을 만들어야 한다.

첫째는 온라인 예배의 점검이다. 온라인 예배의 회중도 영과 진리 가운데 하나님을 영화롭게 예배하고, 주님의 형상으로 회복, 변화, 성장할 수 있다. 하지만 거리적, 공간적 한계가 있는 온라인 예배의 특성 때문에 회중이 예배 시청자가 되지 않도록 해야 한다.

찬양은 온라인으로 전달되다 보니 현장감이 떨어지고, 음향 불균형과 소음이 여과 없이 회중에게 전달된다. 최근 온라인 영상 송출을 위한 장비들이 계속 업그레이드되고 있다. 오디오 인터페이스 같은 온라인 오디오 입출력 장치라든지 다른 보조적인 장비들을 활용하여 온라인 회중의 찬양 드리는 환경을 계속 고려하고 개발하는 것을 멈추지 않아야 한다.

설교의 경우 회중이 화면을 통해 설교자를 가까이에서 보고 듣다 보니 집중이 잘 되는 장점이 있지만, 시간이 지날수록 피로도가 쌓이고 집중력이 떨어진다는 단점도 있다. 온라인으로만 운영되는 예배에서는 시간을 너무 길지 않게 순서의 적절한 시간 배율이 중요하다. 대면과 온라인 예배를 함께 운영하는 하이브리드 예배에서는 대면으로 참여한 회중 외에 온라인 회중이 있음을 기억하고 배려해야 한다. 예를 들어 온라인 회중이 찬양이나 설교의 자막을 휴대폰을 통해서도 잘 보이도록 송출한다든지, 설교 관련 문서를 파일로 다운로드할 수 있도록 링크를 만들어 두는 것이다.

둘째는 공동체와의 관계이다. 온라인 예배의 가장 아쉬운 부분은 공동체성이다. 온라인 예배가 대면 예배와 같이 공동체성을 가지기가 쉽지 않다. 대면 없이 온라인으로만 예배를 드려 본 경험에 의하면, 성도 간의 교제에 한계가 많다.

하지만 온라인 예배에는 부수적인 장점이 있다. 온라인 예배가 장소 및 상황에 구애받지 않고 있는 곳에서 예배, 나눔, 교제가 가능하고, 또한 서로 관계 유지에 쏟아야 할 힘을 아끼고 예배에 집중할 수 있어서 더 좋다는 반응도 많다.

교회에 소속되지 않고 혼자 신앙생활하는 가나안 성도들은 온라인 예배의 도움을 받을 수 있어서 오히려 좋은 신앙 공동체가 되어 줄 수도 있다. 게다가 팬데믹 기간에 교회를 떠났으나 다시 예배에 참여하고자 하는 사람들에게는 온라인 예배가 그 중간의 가교 역할을 할 수 있다.

이렇게 온라인 예배를 대면 예배와 비교하기보다는 온라인 예배만의 특성을 잘 활용하거나 신앙의 사각지대에서 도움이 필요한 사람들을 돕는 좋은 대안으로 발전시키면 좋겠다.

셋째는 목양적 돌봄이다. 최근에는 대면 예배 없이 온라인으로만 예배드리는 교회들도 생겨나고 있는데, 시대적 상황에 따라 자연스럽게 따라오는 변화와 시도일 것이다. 이런 온라인 교회나 지역 교회 온라인 예배에서 만날 수 있는 가장 힘든 부분은 돌봄의 부재이다.

온라인 예배만 드렸던 시기에 내가 가장 고민하고 노력했던 부분이 바로 돌봄이었다. 가능한 적은 인원이나 개인 심방(면담)의 방식으로 만나서 삶을 나누고 중보하는 시간을 가졌다.

마음의 거리두기의 한계로 도움이 필요한 성도들을 돕기 위한 꼼꼼하고 친밀한 목양과 행정이 필요하다. SNS나 이메일을 통한 소식 및 정보 나눔도 필요하고, 전화와 메신저를 통한 왕래도 많이 필요하다. 개인 및 소그룹 만남으로 삶과 신앙의 문제를 함께 고민하고 서로 중보해 주는 목양적 돌봄과 소그룹 교제가 반드시 병행되어야 한다.

나는 대면으로 예배드리는 것이 좋다. 대면 예배가 온라인 예배보다 훨씬 더 효율적이고 장점도 많다. 하지만 온라인으로만 예배드리든지 대면 예배와 병행하여 드리는 회중은 계속 생길 것이다. 현재 대면 예배로 돌아온 것 같지만, 사실은 병행의 시기가 온 것이라 본다. 예배가 아니더라도 교제, 모임, 양육에 온라인 방식이 계속 활용될 것이다. 복잡하고 다변하는 사회 속에서 돌봄과 신앙 공동체가 필요한 성도들이 있는데, 그중에 온라인 회중도 있음을 잊지 않으면 좋겠다. 또한 온라인 예배로 더 잘 도울 수 있는 사람들도 있다. 여러 가지의 이유로 온라인 예배를 드리는 회중을 배려하고 돌보는 온라인 예배 사역의 연구과 노력이 지속되기를 기대한다.

26

배려:
예배하는 회중이 있음을 기억하자

예배에는 대상과 주체가 각각 있다. 예배의 대상은 하나님이시다. 예배는 하나님의 이름을 높이며, 그분을 영화롭게 하는 것이다. 그렇다면 예배의 주체는 누구인가? 바로 회중이다. 예배에 참석한 회중이 하나님을 예배하는 것이다. 우리는 앞서 예배의 대상이신 하나님을 잘 예배하고 있는지를 많이 살펴보았다면, 이번 장에서는 예배자인 회중에 대해서 함께 나누고자 한다. 평소 예배자의 태도와 의무에 대한 요구는 많지만 예배자에 대한 배려가 약하다고 생각했기 때문이다.

임재, 은혜, 사랑을 경험하고

예배하는 회중이 없는 예배는 존재할 수 없다. 하나님은 사람을 지으시고, 함께 교제하시고, 사람을 통하여 영광받으시기 원하셨는데,

예배가 바로 그런 곳이다. 그래서 예배는 사람을 위한 곳이기도 하다. 예배는 예배자가 하나님의 임재, 은혜, 사랑을 경험하고, 또한 그분의 마음과 뜻을 알 수는 곳이다. 이 땅을 살아가는 사람은 세상을 창조하시고 통치하시는 그분의 도우심과 인도하심이 절대적으로 필요한 존재이다. 예배자는 예배에서 하나님을 영화롭게 함과 동시에 자신의 삶에서 직면하고 있는 문제들의 해결을 그분께 구하고 맡겨드린다. 예배를 준비하고 섬기는 사람들은 예배하는 회중에 대한 배려가 필요하다. 특히 예배를 인도하는 목회자, 리더, 찬양팀의 입장에서 예배에 참여한 회중을 대상화하지 않도록 조심해야 한다.

다양한 회중이 참여한다

전통적으로 설교학은 설교자의 성경 묵상, 기도, 주해와 원고 준비, 전달 방법에 관심을 가져왔다. 이 과정에서 예수 그리스도가 설교의 중심이 되며, 성령님의 조명과 도움이 중요하다. 이런 전통적인 설교학의 관심에 나는 회중에 대한 인식과 배려도 포함되어야 한다고 생각한다. 그 이유는 예배의 회중이 이전과는 달라졌기 때문이다. 이전의 회중은 이미 신앙이 있거나 설교하는 목회자의 권위를 인정하며 설교를 잘 받아들일 준비가 되어 있는 사람들이었다.

오늘날 예배에는 다양한 회중이 참여하고 있다. 믿음이 있으며 하나님 말씀에 순종적인 사람들도 여전히 있지만, 설교하는 목회자에 대한 신뢰가 적거나 믿음이 없는 사람들도 많아졌다. 예배 회중의 평균 연령이 올라가고 있는데, 이는 곧 믿음으로 인한 삶의 변화가 쉽지 않은 연령대가 되고 있음을 간접적으로 알려 준다. 또한 사회에 대한 인식이나 견해가 점점 더 다양해지고 있으며, 정치와 사회 변화에 대한 인식이 점점 더 양극화되고 있어서 설교의 교훈을 삶에 적용하는 것이 어려워지고 있다. 실용과 합리를 추구하는 현대 사회의 일상에서 그리스도인이 살아 낼 믿음의 삶이란 그리 단순하지 않아졌다. 이런 회중의 변화를 고려하여 설교자는 설교에 몇 가지 보완을 해야 한다.

먼저 설교에서 복음의 핵심을 잘 가르치는 것이 중요하다. 오늘날의 예배자는 좀 더 성경의 내용에 우선 관심을 두고 있다. 설교 자체가 성경을 통하여 하나님 나라와 뜻을 가르치는 것인데, 단순히 기독교적인 것보다는 기독교의 핵심인 예수 그리스도와 하나님 나라에 관하여 더 듣고 싶어 한다. 이런 복음 중심의 설교에 권위가 없을 수 없다.

두 번째는 설교에서 구체적이고 친절한 설명이 많이 필요하다. 신앙생활을 오래 한 사람이더라도 설교 중 스쳐 지나가는 성경의 예들이나 신앙 용어들을 잘 이해하지 못하는 사람들이 의외로 많다. 초신자들의 경우에는 설교의 용어들이 더욱 어렵게 느껴질 것이다.

설교는 회중의 온전한 예배를 돕고, 하나님의 뜻을 잘 듣고 이해할 수 있게 하기 위한 것이므로 설교 용어나 전달에 친절하고 쉬운 설명이 필요하다. 특히 오늘날 사람들이 듣고 말하기에 불편함이 없는 정도의 일상적인 언어를 사용하는 것도 필요하다. 이렇듯 자세하고 친절한 설교를 하다 보면 어쩔 수 없이 더 많은 시간이 필요한데, 짧게 정해진 예배 전체의 시간을 맞추는 것보다는 시간이 조금 늘어나더라도 충분히 복음의 내용을 나누는 것이 좋을 것이다.

세 번째는 삶의 구체적인 적용이 있는 설교가 필요하다. 대부분의 사람들은 교회나 신앙 공동체의 사람들과 지내는 시간보다 회사나 일상에서 지내는 시간이 훨씬 많다. 그리고 막상 삶에서 믿음대로 산다는 것이 그리 간단하지 않음을 다들 체감하고 있다. 믿음과 일상의 격차가 점점 커지면서 그 사이에서 믿음을 살아 내는 예배적 삶을 고민하는 예배자들은 자신의 삶에 가늠해 볼 수 있는 실제적인 적용을 요구하고 있다.

찬양을 통한 방향 전환

현대 예배에서 찬양은 점점 더 중요한 비중을 차지해 가고 있다. 찬양을 통해서 하나님을 기억하고, 높이고, 믿음 안에서의 각자의 삶을 다시 생각해 보기 시작한다. 찬양 시간은 예배자가 하나님을 향한 갈망이 일어나는 곳이고, 이 땅에서 하나님 나라의 삶을 추구하는 전환점이 되는 곳이다. 물론 음악이 주는 긍정적 효과가 크다. 음악은 사람의 마음을 어루만지는 특별한 효과를 준다. 이런 효과 때문에 음악 사용을 경계하는 사람들도 간혹 있지만, 나는 오히려 이 음악의 기능적 효과를 잘 사용하여 하나님을 찬양하는 것을 긍정적으로 본다. 뻣뻣하고 메마른 우리의 마음에 하나님을 사랑하고, 높일 수 있는 촉촉한 감정을 만들 수 있도록 음악이라는 좋은 윤활유를 사용하는 것이기 때문이다.

찬양 시간은 주로 예배 순서 중 전반부에 있다. 예배가 시작될 때 참여한 사람들의 마음 상태는 다양하다. 각자 삶의 다양한 상황에 있다가 예배의 자리에 모였을 때, 예배자들의 시선을 하나님께로 돌리는 과정에서 찬양이 큰 역할을 할 수 있다. 찬양을 통해 하나님을 묵상하고, 높이고, 경배하면서 시선의 방향이 자신에게서 하나님께로 전환되는 것이다.

다양한 믿음의 수준을 가진 회중이 참여하는 예배에서 찬양 선곡은 어떤 기준으로 정하면 좋을까? 이는 찬양 인도하는 사람의 입장에서 가장 현실적이면서도 결코 쉽지 않은 고민이다. 다양한 회중을 고려하여 선곡하기 위한 제안들 중에 한 가지만 꼽으라면 나는 하나님과 예수 그리스도께 집중하여 경배하는 곡들을 우선적으로 선곡하라고 추천하고 싶다.

이런 제안을 하는 첫 번째 이유는 예배는 하나님을 경배하고 그분의 속성과 성품을 높이는 시간이기 때문이다. 하나님을 높이는 예배의 본질을 찬양에 반드시 반영했으면 한다. 두 번째 이유는 하나님이 누구신지를 기억할 때에 우리 마음에 진정한 평안과 신뢰가 생길 수 있기 때문이다. 진정한 믿음의 힘은 우리의 삶을 묵상하거나 헌신하는 것으로부터 시작되지 않는다. 하나님이 누구신지를 기억하고, 묵상하고, 경배함으로 시작된다. 자기의 힘듦을 고백하거나 자기 연민으로 가득한 노래가 예배 찬송에 우선될 수 없다.

세 번째 이유는 예배의 자리에 나오는 불신자나 믿음이 연약한 사람들도 하나님과 그의 나라에 관심을 가지고 왔음을 잊지 않아야 하기 때문이다. 물론, 사람들의 마음을 위로하고 격려하는 사랑의 실천이 교회의 그리스도인들에게 중요한 사명이다. 하지만 예배의 본질과 목적을 먼저 기억해 볼 필요가 있다.

오래 전 구도자 예배로 유명한 미국의 한 교회 예배에 참여한 적이 있다. 불신자들을 위한 구도자 예배로 소문난 교회였기에 찬양의 새로운 방법이나 퍼포먼스가 있을 것을 기대했다. 그런데 너무 익숙한 찬송을 평범하게 부르는 것을 보면서 나는 약간 실망했다. 나중에 돌아보니 찬양의 내용들이 예수 그리스도에 대한 높임과 경배송 중심이었다. 방식보다 더 중요한 것은 예배에서 무엇을 하는가이다.

내가 좋아하는 퍼포먼스가 아니라 하나님을 온전히 높이고 찬양하는 것이 더 중요하다는 생각을 하게 되면서 나의 마음을 고쳐먹은 기억이 있다. 하나님과 예수 그리스도를 높이는 찬양은 하나님을 영화롭게 하는 것임과 동시에 예배자인 회중이 예수 그리스도 안에서 생명과 회복을 주시는 하나님 나라의 소망을 경험할 수 있는 방법이다.

온택트 회중을 위한 배려

온라인 예배에서 회중은 어떠한가? 유튜브와 같이 한 방향으로 전송되는 온라인 예배에서 회중은 보이지 않는다. 실시간 방송의 경우 접속된 사람의 숫자만 겨우 알 수 있는 수준이다. 줌과 같은 화상회의 앱으로 양방향이 가능한 온라인 예배에서도 여전히 한계는 있다. 화면을 끄는 사람도 있고, 머리만 보여 주는 사람 등 함께 소통하지 않는 상태에서 진행되는 경우가 많다.

예배에서 인도자와 회중은 모두 예배자다. 인도자와 회중이 함께 한 목소리로 찬양하고, 한 말씀을 듣고 묵상하며 하나님 앞에 머문다. 그런데, 온라인 예배에서는 그 회중의 비중은 거의 없거나 약해진다. 함께 소통하고, 함께 마음을 모아서 하나님을 높이고, 그분의 뜻을 구하는 것이 힘든 환경이 된다. 예배 인도자는 방송을 통해 진행하고, 예배자는 송출된 인도에 따라 예배한다. 회중이 없는 것은 아니나 함께 보고 호흡할 수 없는 열악한 환경이 되었다. 그러다 보니 예배를 인도하는 기도자, 찬양 인도자, 설교자에게도 어려운 부분이 많다. 함께 호흡하고 반응하는 회중이 없는 가운데 일방적으로 진행하기는 쉽지 않은 일이다. 그럼에도 불구하고 순서에 맞게 진행하고 사람들의 상황과 반응을 어느 정도 마음속으로 예상하며 진행하는 것이 필요하다.

예배 인도자들은 예배에 참여하는 회중의 마음을 잘 헤아려야 한다. 개인의 바쁜 일정 때문에 온라인 예배에 참여하는가 하면, 교회에서 예배드리는 것이 부담스러워서 자신을 노출하지 않으면서 말씀을 듣고, 복음과 자신의 인생에 대해서 면밀히 살펴보는 사람들도 있다. 또한 편의성, 시간 절약, 관계 부담 등의 이유로 온라인 예배를 선택하면서 여전히 예배의 자리에 잊지 않고 나아오기도 한다.

온라인 예배에는 많은 한계가 있지만, 그럼에도 불구하고 복음과 하나님 나라에 대한 목마름이 있는 예배자들이 그 예배에 참여하고 있음을 잊지 않아야 한다. 대면 예배가 더 좋고 많은 유익도 있지만, 여러 상황 때문에 온라인으로 하나님을 예배하는 회중이 있음을 기억해야 한다. 새로운 시대에 새롭게 형성된 회중을 잊지 말자.

Part 5

예배 교육은 선택이 아닌 필수

앞에서 찬양을 인도하는 찬양팀 외에도 대표기도, 성가대, 헌금 위원, 안내, 새가족 담당, 주차 봉사 등 여러 부문에서 섬기는 사람들의 수고로 우리의 예배가 하나님께 드려지고 있다.

이 섬김의 자리에 있는 사람들이 지속적으로 건강한 믿음으로 성장하면서 예배를 잘 섬기도록 하기 위해 목양적 돌봄과 예배 교육이 반드시 필요하다. 대부분 처음에는 기쁨으로 헌신하여 예배를 섬기지만, 시간이 지날수록 여러 가지의 이유로 점점 더 섬기는 것이 힘들어지는 경우가 많다. 같은 자리에서 오랫동안 섬기다가 점점 관성에 젖어 예배에 온전히 집중하기 어려워지기도 한다. 섬기는 사람들의 믿음과 마음 상태는 예배에 그대로 반영된다. 하나님과 예배를 섬기며 수고하고 애쓰는 사람들을 잘 세움과 동시에 교회의 건강한 예배를 위해서 예배 교육은 선택이 아니라 필수이다.

이번 파트에서는 담임목회자, 찬양 인도자, 찬양팀, 회중의 예배 교육에 대해서 함께 살펴보려고 한다.

27 목회자:
예배학, 업그레이드가 필요하다

예배에서 목회자의 역할이 얼마나 중요한지는 다 알 것이다. 특별한 상황을 제외하면 목회자는 예배에서 인도와 설교를 담당하고 있기 때문이다. 목회자는 꼭 예배의 모든 순서를 다 인도하지 않더라도 예배 전체를 계획하고, 섬김이들을 세우고, 예배 전체를 진행 및 관장한다. 또한 예배에서 설교하고 가르치는 강도권을 부여받았다. 목회자는 한 교회의 예배와 목양을 감당할 수 있도록 자격을 부여받은 직분자이다.

계속되어야 할 예배학 교육

신학생이 목회자 후보로서 배우는 신학 수업의 양은 엄청 방대하다. 신학은 성경신학, 교의학, 교회 역사, 다양한 분야의 실천신학 등으로 세분화되어 있다. 그중에서 예배학은 실천신학의 한 분야에 속하다 보니 신학대학원 교과과정에서 한두 과목밖에 배정되어 있지 않다. 신학생들이 예배에 대한 공부와 사역 준비를 할 수 있는 시간이 적은 편이다. 하지만 학교 졸업 후 목회자로 사역을 시작하면 대부분 예배와 관련된 일을 하게 된다.

교육 부서의 설교자로, 예배를 섬기는 여러 위치에서 사역을 시작한다. 교구를 담당하는 사역자가 되어도 심방과 경조사에서 예배를 인도하고 설교하는 사역을 한다. 목회자는 설교를 통해서 성경과 신학을 종합적으로 풀어내고, 예배에서 신학을 사역으로 구현하게 된다.

문제는 설교와 예배가 이렇게 중요함에도 신학생들이 이 사역을 제대로 공부하고 준비할 수 있는 시간이 부족하다는 것이다. 나 역시 학교 졸업 후 이런 본격적인 사역 준비가 잘 되어 있지 않아서 여러모로 고군분투했던 기억이 있다. 어깨너머로 선배 목회자의 사역을 보고 배우며, 현장에 부딪혀서 스스로 체득하는 경우가 많았다. 문제는 시간이 지난다고 더 능숙해지고 성장하지 않았다는 것이다. 시간이 지날수록 오히려 나 자신의 부족함과 한계를 많이 느꼈다.

그런 내가 미국에서 예배학을 공부하면서 놀랐던 부분이 많다. 첫째는 예배학과 관련된 수업과 양이 많다는 것이다. 예전을 중심으로 공부하는 학교, 현대 예배를 중심으로 공부하는 학교, 선교적 예배를 중심으로 공부하는 학교, 설교를 중심으로 예배학을 공부하는 학교 등 예배학 전공이 있는 학교마다 중점을 두고 가르치는 예배학의 범주가

넓고 다양했다.

또 하나 놀란 것은 현장에서 사역하는 목회자를 위한 재훈련 프로그램들이 잘 되어 있다는 것이다. 내가 공부하던 학교의 석박사 과정의 수업 중에 미국 전역에서 목회자들과 예배 사역자들이 학교로 와서 공부하며 재교육받는 수업들이 있었다. 이런 수업에는 해당 분야의 학문적 연구와 실제 사역 실력을 균형 있게 잘 갖춘 강사들이 초청되어 특강을 하는 시간도 마련되어 학문과 실전의 균형 있는 공부를 할 수 있었다.

우리나라의 경우는 목회자들 대부분이 신학대학원을 졸업하고 나면, 현장에서 필요한 신학 훈련을 다시 받을 기회가 많지 않은 편이다. 단순히 특정 성공 사례나 방법을 공유하는 세미나보다는 신학적 훈련의 기회가 많았으면 좋겠는데 말이다. 무엇보다 목회자들에게 예배학의 재교육 기회가 많았으면 좋겠다. 목회자가 자신의 예배와 믿음을 되돌아볼 수 있음과 동시에 예배를 섬기는 많은 봉사자들과 성도들을 훈련하기 위한 준비를 할 수 있기 때문이다.

예배의 본질에 대한 연구

그렇다면 목회자는 예배자 및 예배 인도자로서 어떤 훈련이 필요할까?

먼저는 목회자의 개인 예배가 필요하다. 목회자는 아무래도 많은 예배를 인도하고, 설교하다 보니 성경 연구나 신학 연구는 많이 하지만 개인 예배는 상대적으로 빈약할 수 있다. 목회자의 개인 예배 시간이 개인 신앙과 공예배를 위한 영성의 시작점이다.

두 번째는 예배와 관련한 목회철학에 대한 연구와 확립이 필요하다. 팀 켈러는 『센터처치』에서 자신의 목회철학을 소개하면서 목회의 신학 비전을 나누었는데, 교회론과 예배에 관련된 내용들이 여러 부분에 잘 반영되어 있다. 제임스 스미스는 문화적 예전 시리즈 『하나님 나라를 욕망하라』, 『하나님 나라를 상상하라』, 『왕을 기다리며』를 출간했는데, 이 책들은 기독교의 복음이 예배를 통해 사람들의 믿음을 형성케 되는 원리에 대하여 자세히 설명하고 있다. 또한 데이비드 피터슨(David Peterson)의 『성경신학적 관점으로 본 예배신학』은 신구약 성경의 예배를 면밀히 살펴볼 수 있도록 도움을 준다. 이렇게 예배의 본질을 탐구하는 예배신학과 교회론을 함께 공부하며 목회철학을 꾸준히 연구하고 발전시키는 것이 중요하다. 물론 예배를 위한 방법론적인 연구와 노력도 필요하지만, 예배의 본질에 대한 연구와 준비가 우선되어야 함은 아무리 강조해도 지나치지 않다.

세 번째는 예배에 관하여 함께 연구하는 목회자들의 연대가 필요하다. 예배의 방법론적인 접근보다 본질적인 접근으로 함께 예배와 목회를 고민할 수 있는 연대와 기회가 적음이 아쉽다. 지난 팬데믹 기간 동안의 사회적 거리두기나 현대 사회의 바쁜 생활 패턴의 영향으로 점점 목회자들 간에 함께 소통하고 연구하는 모임들이 줄어들고 있어 더욱 그렇다. 함께 목회와 예배에 관하여 연구하며 목회의 질적인 성장과 새로운 사역 전략을 모색할 수 있는 목회자들의 연대가 많아졌으면 좋겠다.

건강한 예배 섬김을 위하여

담임목회자와 찬양 인도자 사이에 마찰이나 어려움이 생기는 경우가 종종 있다. 이는 담임목회자의 예배철학과 찬양 인도자의 사역 방향이 잘 맞춰지지 않을 경우다. 예배의 책임과 권한을 가지고 있는 담임목회자가 준비된 원칙과 방향 안에서 함께 맞춰 가는 과정이 늘 필요하다. 건강한 예배 섬김의 팀워크를 위해서 먼저 목회자가 해야 할 몇 가지 원칙들을 고민해 보았다.

첫째, 목회철학 및 비전 공유하기이다. 목회와 예배에 관련된 목회자의 비전 공유는 섬김이들과 성도들로 하여금 그 비전을 이해하고 같은 방향으로 능동적으로 움직이도록 할 수 있다. 복음과 하나님 나라, 교회와 예배에 대한 큰 그림을 함께 공유하여 예배 섬김이들을 그 비전의 동역자로 초대하는 것이 좋다.

둘째, 하나님을 영화롭게 하는 예배에 중점 두기이다. 예배와 섬김은 곧 하나님을 예배하고 영화롭게 하는 것이다. 예배 섬김이들이 목회자나 교회에 대한 섬김과 충성보다 하나님과 그의 나라를 기억하고 섬기도록 예배의 방향을 명확히 해야 한다. 하나님과 그리스도, 그리고 그의 몸 된 교회를 위한 섬김이 되도록 말이다.

셋째, 사전에 각자의 섬김과 역할을 명확히 하기이다. 담임목회자와 찬양 인도자의 역할이 무엇인지를 구체적으로 사전에 논의하는 것이 중요하다. 또한 이런 역할에 대한 정의는 담임목회자의 일방적 지시보다는 전체 가이드를 제시하되 찬양 인도자의 의사가 충분히 반영될 수 있도록 하는 것이 좋다. 이런 사전 논의 없이 사역을 하다 보면 서로 자신의 권한을 침해받는 것 같은 오해 때문에 어려움이 발생할 수 있다.

넷째, 적절한 목양적 돌봄으로 섬기기이다. 찬양 인도자, 찬양팀, 그리고 다양한 곳에서 예배를 섬기는 이들도 역시 목회 대상이다. 일하는 사람이 아니라 담임목회자의 목양적 돌봄이 필요한 성도들임을 잊지 말자.

28 찬양 인도자:
신학적 이해와 리더십 훈련

일반적으로 예배의 찬양 인도는 부목사, 예배 목사, 전도사, 찬양사 등 신학을 전공한 목회자나 선교단체 등에서 찬양 사역을 하는 예배 사역자, 혹은 교회의 규모나 상황에 따라서 찬양의 달란트가 있는 성도가 담당하고 있다. 찬양 인도자는 예배의 찬양, 목회자와 찬양팀원들과의 팀워크를 이끄는 리더로서 꾸준히 자신을 훈련하고 사람들과의 건강한 관계를 잘 유지하는 것이 필요하다.

찬양의 주제 따라 선곡

찬양 인도는 예배 사역의 꿈과 비전을 가지고 준비해 온 전문 사역자 외에도 교회의 상황에 따라 일반 목회자나 성도가 담당하는 경우가 많다. 이때 찬양 인도자들은 어쩔 수 없이 하는 섬김이라고 생각하며 수동적으로 섬길 것이 아니라 예배자로서, 또 예배 인도자로서 자기 정체성을 명확하게 하고, 찬양 인도를 위한 훈련에 힘쓰는 것이 중요하다.

첫째, 찬양 인도자는 예배에 대한 신학적인 이해를 가질 수 있도록 스스로 공부하는 시간을 가져야 한다. 예배 관련 독서를 통해 예배와 찬양에 대해서 연구하고 고민해야 한다.

둘째, 찬양 인도자는 평소에 찬양곡들에 대한 선별과 곡 선정에 대한 기준을 잘 정리해 두어야 한다. 사람들은 일반적으로 기독교의 공인된 찬양은 찬송가, 복음 전달이나 개인의 신앙고백을 담은 노래는 복음성가, 그리고 청년들이 부르는 찬양은 CCM(Contemporary Christian Music, 동시대 그리스도인의 노래) 정도로 찬양곡을 분류하는 것 같다. 또한 기성세대는 예배에서 찬송가를, 청년 세대는 CCM을 선호한다고 인식하고 있는 것 같다. 그런데 생각해 보면 현재 찬송가에 수록된 곡들도 시편 중심의 찬양을 부르던 때에는 새로운 복음성가였고, 동시대 찬양이었다. 예배의 찬송은 단순히 이런 구분이 아니라 곡의 가사와 목적에 따라 선곡하는 것이 좋다. 우리가 부르는 찬송들은 주제에 따라 다음과 같이 나눌 수 있다.

• 경배와 찬양: 하나님을 높이고 경배하는 곡이다. 경배와 찬양은 하나님을 높이는 곡들과 그분의 성품을 노래하는 곡들이 포함되어 있어서 하나님을 높이고 영화롭게 한다.

• 믿음의 고백과 헌신: 동일하게 하나님을 찬양하지만, 자신의 삶과 마음을 드려 믿음을 고백하는 노래들이다. 찬양의 역사를 보면 '영적 대각성 운동' 같은 부흥 운동이 일어날 때 이런 개인의 고백, 믿음, 헌신을 고백하는 찬송들이 새롭게 만들어져 많이 불렸다. 현대 예배의 찬양에도 이런 개인의 헌신과 고백의 노래들이 많다. 여기에 속한 찬양은 헌신, 간구, 위로, 선교, 복음 전파 등의 내용을 담고 있다.

• 부흥송: 하나님 나라가 이 땅에 임하기를 기도하거나 시대의 부흥을 간구하는 찬양이다. 기도의 마음으로 간구하는 찬양인 셈이다. 한국교회에서는 선교와 부흥의 흐름에 따라 1990년대 후반에서 2000년대 초반에 이 분류의 곡들이 많이 불려졌다.

• 축복송: 하나님을 찬양하는 것이 아니라 서로에게 하나님의 복을 빌어 주는 노래이다. 서로를 위로하고, 격려하고, 하나님의 사랑으로 강건하게 되기를 기도하며 축복하는 것이다.

이렇게 간단히 곡의 주제에 따라 분류해 보았는데, 공예배에서 설교 전의 찬양으로는 경배와 찬양의 노래 중심으로, 설교 후 찬양으로는 믿음의 고백과 헌신의 노래 중심으로, 기도회에서는 부흥송을 목적에 맞게 선곡하여 부르는 것이 좋겠다. 그리고 축복송은 공예배의 중간보다는 예배 시작 전이나 교제를 위한 시간에 사용하는 것을 추천한다.

셋째로, 찬양 인도자는 예배를 인도하는 사람으로서 회중의 적극적인 예배 참여를 이끌기 위해 곡들에 대한 충분한 묵상과 인도 실력을 키워야 한다. 보통 예배에서 부를 찬양 콘티 구성은 담임목회자의 지도 아래 찬양 인도자에게 권한이 주어져 있는 편이다. 찬양 인도자는 평소에 찬양곡들의 가사 내용과 곡의 용도 및 성향을 잘 파악해 두어서 예배나 기도회, 모임 등에서 언제 어떤 곡을 사용할지에 대한 준비를 해두는 것이 좋다.

찬양 인도자는 예배에서 노래 부르는 시간을 진행하는 사람이 아니라 참여한 회중이 하나님의 임재 앞에 나아가 그분을 높이고 영화롭게 하도록 인도하는 사람이다. 그러므로 인도자 역시 한 명의 예배자로서 그 찬송으로 하나님을 예배해야 하고, 회중이 함께 하나님을 예배할 수 있도록 그 찬송으로 회중을 설득하는 실력도 갖춰야 한다. 이를 위해 성령님의 도우심이 절대적으로 필요하고, 또한 찬양 인도자의 정체성과 예배철학을 분명히 세우는 것이 중요하다.

찬양 인도자의 자기 정체성

찬양 인도자에게 빠질 수 없는 또 하나의 자격은 바로 리더십이다. 찬양 인도자는 예배에 참여한 전체 회중을 인도하여 하나님 임재 앞으로 이끌어 가는 사람이기 때문이다. 찬양 인도자의 음악적 소양과 영성은 곧 회중을 이끄는 리더십으로 연결된다. 함께 찬양하고 연주하는 찬양팀 역시 인도자의 리더십 아래 있다.

찬양 인도자는 각 교회의 규모에 따라서 다른 사람과 함께 예배 찬양을 인도한다. 악기 연주자, 싱어, 방송 및 프레젠테이션 담당자 등 각자 위치에서 함께하는 찬양팀원들이 있다. 인도자가 꼭 팀의 리더는 아니더라도 예배의 찬양 인도를 맡은 만큼 리더십 능력이 중요할 수밖에 없다. 찬양 인도자의 리더십을 배양하는 것은 이론이 아니기에 단기간 내에 쉽게 훈련받을 수 있는 것이 아니다. 자기 위치에 대한 이해와 더불어 팀 전체를 이끄는 실력을 익히며 실전에서 부딪쳐 보는 것이 중요하다.

먼저 찬양 인도자의 자기 정체성을 명확히 하는 것이 중요하다. 인도자가 자신에 대한 위치와 권위를 제대로 정립하지 않으면 리더십 자체를 형성할 수가 없다. 예배의 찬양 인도자로서, 팀의 리더로서 자신의 위치와 역할을 이해하는 것은 가장 기본이지만, 의외로 이 부분에 대한 정의가 없이 사역에 임하는 인도자들이 많다. 특별히 성경 묵상과 독서를 통해서 성경적인 리더에 대한 이해를 잘 정리하는 것이 도움이 된다.

두 번째, 찬양 인도자는 리더십에 대한 학습이 필요하다. 이 학습을 위해 책을 읽는 것도 좋지만, 각자의 필요에 딱 맞게 실제적인 도움을 줄 수 있는 책을 찾기에는 한계가 있다. 일단 일반적인 기독교 리더십과 관련된 책까지 폭넓게 읽어 보는 것이 좋고, 또한 현장에 대한 훈련으로는 선임자들이나 다른 찬양 인도자들의 대화와 강의를 통해서 도움받는 것이 좋다.

세 번째, 역시 실전이다. 아무리 정체성 확립, 리더십에 대한 이론적인 준비가 되어도 현실은 만만치 않다. 리더십은 사역의 현장에서 직접 경험해 보면서 형성된다. 다만 아무 준비 없이 부딪치기보다는 충분한 이론과 다른 사람의 경험을 통해서 들었던 내용을 기반으로 자신의 사역 현장에 적용해 보고, 다른 목회자나 리더, 팀원들의 피드백을 받아 보는 등 철저하게 자신을 살펴보는 자기 훈련 과정이 필요하다.

29 찬양팀:
믿음, 예배, 음악, 공동체

교회 안에는 성가대, 예배 안내, 주차 등 예배를 섬기는 많은 팀과 부서가 있지만, 찬양팀은 그중에서도 가장 많은 사람의 시선이 머무는 곳에서 섬기는 사람들이다. 사람들이 보는 앞에서 온전히 하나님만 예배하고, 회중을 잘 인도하는 것이 그리 쉬운 일은 아니기에, 찬양팀원들 개인의 신앙 성장은 물론 예배의 성숙을 위해서 찬양팀 훈련의 필요성을 꼭 강조하고 싶다. 찬양팀을 위해서 믿음, 예배, 음악, 공동체의 네 가지 훈련을 제안하고 싶다.

개인의 영성과 훈련에 따라

찬양팀은 단순히 예배의 음악을 담당하거나 반주를 하는 팀이 아니다. 하나님의 백성으로서 하나님을 예배하는 팀이다. 찬양팀원은 예수 그리스도를 구주로 고백하고, 자신의 하나님 백성됨을 온전히 확신하지 않고는 진정한 예배자가 되기 어렵다. 또한 이 믿음의 고백은 늘 현재형이어야 한다. 현재형의 믿음과 구원의 확신이 없이는 자신의 예배는 물론 예배 인도를 제대로 할 수 없기 때문이다. "믿음이 없이는 하나님을 기쁘시게 하지 못하나니 하나님께 나아가는 자는 반드시 그가 계신 것과 또한 그가 자기를 찾는 자들에게 상 주시는 이심을 믿어야 할지니라"(히 11:6)라는 말씀처럼 예배자는 하나님을 예배할 때마다 그분 앞에 나아간다는 믿음과 확신이 있어야 한다.

믿음의 고백을 유지하는 것은 섬김의 총시간이나 예배의 횟수에 달려 있지 않다. 오히려 개인의 영성과 훈련에 달려 있다. 개인 예배가 없이는 공예배에서 제대로 예배할 수 없다. 개인 예배는 각자가 하나님 앞에 나아가 그분을 만나고, 그분을 높이며, 그분의 말씀을 묵상하고, 그분의 뜻대로 살기로 헌신하고, 그분의 사랑과 은혜 가운데 회복됨을 경험하고, 그분의 뜻대로 살 수 있는 믿음과 확신을 부여받는 등 하나님과의 개인적인 관계를 건강하게 한다.

목회자나 찬양팀 리더는 찬양팀에 속한 사람들의 믿음 성장을 도와야 하고, 또한 경건의 시간을 통한 개인의 예배가 잘 유지되는 분위기를 만들면서 팀을 이끌어 가야 한다. 분위기라는 단어를 쓴 이유는 개인 예배가 지나치게 형식적이거나 의무화되는 것을 우려해서다. 개인 예배를 강요하거나 횟수에 의해 벌칙을 정하는 손쉬운 방법은 개인 예배를 더 형식적으로 만드는 부정적 결과를 가져올 수 있기 때문에 이런 부분은 조심하는 것이 좋다.

성경적인 양육 훈련

찬양팀은 예배팀이다. 찬양팀은 예배를 섬기는 팀으로서 예배에 대한 이해가 반드시 필요하며, 예배마다 건강한 예배 인식을 가지고 찬양을 인도해야 한다. 찬양팀은 단순히 예배에서 노래하거나 악기를 연주하는 음악 담당 부서가 아니라 음악을 통해 하나님을 예배하는 팀이기 때문이다.

고등학생 시절 나는 기독 학생 동아리의 찬양팀 리더로서 축제 때마다 경배와 찬양 시간에 찬양을 인도했다. 당시 학교 인근의 한 교회에서 악기들을 빌려주셨는데 감사하게도 찬양팀을 담당하시는 전도사님께서 우리 동아리 찬양팀도 양육해 주셨다. 그 양육의 주제는 예배였다. 노래 연습, 악기 연습, 합주나 인도 실력을 위한 도움을 주신 것이 아니라, 성경적인 예배에 대한 양육을 해 주신 것이다. 아쉽게도 그분의 이름이 잘 기억나지 않지만, 우리를 양육해 주시던 진지한 모습과 가르침은 내 마음속에 여전히 깊은 울림으로 남아 있다.

일반적으로 대부분의 찬양팀은 각자의 바쁜 일정 때문에 겨우 예배 전에 시간을 맞추어 찬양을 연습하고 준비한다. 그러다 보니 따로 시간을 내어서 예배에 대한 지속적인 훈련을 받기가 쉽지 않다. 그럼에도 불구하고 정기적인 예배 훈련의 중요성은 아무리 강조해도 지나치지 않는다.

예배 훈련은 제자 훈련의 방식으로 교재 하나를 선택해서 함께 공부하며 나누거나 훈련 프로그램에 따라 강사를 초청해서 강의를 듣는 방식으로 할 수 있다. 또는 예배와 관련된 책을 선정해서 함께 읽고, 책 내용에 따라 토론하고 나누는 방식의 훈련도 추천한다.

적절한 모임 시간을 정하기 어렵다면 온라인 훈련도 가능하다. 최근에 온라인 화상회의 사용이 많아졌는데, 찬양팀 훈련에 온라인 화상회의 매체를 사용하면 팀원들의 시간 맞추기가 한결 쉬울 것이다. 나는 학생들과 온라인 화상회의에서 함께 책을 읽거나 나눔 및 훈련하는 시간을 자주 가지는 편인데, 개인적인 경험에 비추어 보면 이런 방법이 단점들 못지않게 장점들도 많다. 시간과 장소에 구애받지 않고 지속적인 모임을 계속 가지는 데 유용하다.

혹시 따로 양육 훈련을 가지기 어려운 상황이라면, 매월 1~2회 찬양팀의 자체 예배를 드리는 것도 추천할 만하다. 나는 담당하고 있는 지역 학생 찬양팀과 월 1회 예배를 드리면서 예배와 관련된 주제로 설교를 하고 있다. 따로 훈련 프로그램을 한 것은 아니지만, 예배와 관련된 주제 설교를 통해 간접적으로 예배에 대한 훈련을 하고 있는 셈이다.

찬양팀의 예배 인도 능력

찬양팀은 음악을 통해 회중의 찬양을 이끄는 팀이기에 음악 실력도 중요하다. 더구나 큰 공간에서 모든 사람이 들을 수 있도록 마이크와 앰프 시스템을 사용하다 보니 작은 실수나 불협화음도 크게 전달된다. 찬양팀마다 수준이 다양하겠지만 훈련을 통해서 좀 더 나은 음악 실력으로 회중이 온전히 하나님을 예배하는 것에 집중할 수 있도록 하면 좋겠다. 찬양팀의 예배 인도 능력도 향상시키고, 팀원들 간의 사인(sign)을 맞춰 보거나 부족한 부분을 연습할 수 있는 찬양팀 캠프를 한 분기에 한 번 정도 하는 것을 추천한다.

연습 캠프에서 악기팀은 정기적으로 부르는 입례송, 기도송, 찬양의 시작, 찬양의 마침 후 마무리, 찬양 중의 싸인 등을 함께 정하고 맞추는 연습이 필요하다.

보컬팀은 기본적인 사인을 익히며 맞추어 가는 것과 더불어 노래 훈련을 할 수 있다. 훈련을 위해서 보컬 전문 트레이너를 강사로 초청해서 함께 노래하고 호흡을 맞추는 훈련을 하는 것을 추천한다.

예배 찬양을 위해 음악적으로도 충분한 준비가 필요하다. 미국에서 공부하면서 대형 교회 예배팀을 엿볼 기회가 있었는데, 역시 규모가 커서 그런지 음악 감독이 따로 있는 경우가 많았다. 음악 감독은 리더와 함께 예배에 예정된 곡들의 리듬을 컴퓨터 프로그램을 사용하여 미리 만들고, 또한 악기 연주자들과 사전에 맞추는 준비를 했다. 시작

연주(Intro)도 만들고, 기본 리듬도 정하고, 곡과 곡의 연결 부분도 잘 만들어서 준비하는 모습을 보았다.

솔직히 대부분의 교회에서는 적용하기 쉽지 않은 부분이다. 일반적인 지역 교회의 악기 연주자들은 음악 전공자들이 아닌 경우가 많고, 또 기본 이상의 연주를 하는 것 자체도 버겁고 힘든 상황도 있다. 그러나 개인의 실력이나 시스템의 규모와 관계없이 매 예배 전에 리더와 연주자들이 함께 준비한 곡을 연구하고 음악적으로 미리 맞추는 준비 과정은 꼭 필요하다.

팀워크는 친해지는 것

여러 사람이 같은 목적을 위해 한 팀으로 일하는 것은 생각보다 어려운 일이다. 찬양팀도 예외가 아니다. 찬양팀의 팀워크가 항상 좋다면 다행이다. 그러나 팀원들도 사람인지라 다른 모임들과 별반 다르지 않다. 작은 문제 하나로 팀워크에 균열이 생길 수도 있고, 작은 언행으로 서로 상처받는 일도 잦다. 특히 음악이란 분야의 특성상 감수성이 예민하고 자신만의 음악 세계가 뚜렷한 사람도 있어 생각보다 팀워크를 꾸려 나가는 것이 그리 만만치 않다. 어떤 경우는 특정 포지션 때문에 보이지 않는 경쟁이 생기기도 한다.

전도사 시절 한 교회의 청년부 찬양팀을 맡았던 적이 있다. 찬양팀이 30명 정도 되다 보니 연주자들이 악기별로 여럿 있었다. 그중 피아노 반주자가 네 명이 있었는데, 다들 전공자는 아니었지만 찬양을 연주하는 데 어려움이 없을 만큼의 실력자였다. 당시 찬양팀은 퍼스트 피아노와 세컨드 피아노로 두 개의 건반을 운영했는데, 네 명의 연주자 모두가 퍼스트 피아노를 하고 싶어 해서 경쟁이 치열했다. 몇 가지 원칙을 가지고 조정을 하기도 하고, 순서를 정해서 돌아가며 섬기도록 했던 기억이 있다. 이처럼 찬양팀마다 생각지 못한 경쟁이나 열심으로 팀워크가 균열될 일들이 있기 마련이다.

팀워크라고 해서 꼭 하나가 되어야 하고, 늘 마음을 서로 터놓고 소통해야 한다고 강조한다면 그건 아마 실현 불가능한 일이 아닐까 싶다. 설령 그렇게 된다 하더라도 얼마나 유지되겠는가. 사람마다 싫고 좋음이 있기 마련이다. 여러 사람이 모여서 함께 일하고 섬기다 보면 모두가 항상 좋을 수만 없다.

그렇다면 어떻게 하는 것이 좋겠는가? 먼저, 모두가 함께 회의해서 운영 원칙을 정하는 것이 좋다. 함께 있는 자리에서 정한 것은 모두가 책임감과 의무감을 가진다. 또한, 팀워크는 말 그대로 친해지는 것이다. 정기적인 모임이나 수련회를 통해 함께 교제하며 서로 친해지는 시간을 갖는 것이 필요하다. 함께 웃고, 마음을 나누고, 기도하면서 친해지는 것이 중요하다.

30

회중:
당신이 예배자다!

예배 훈련은 예배를 위해서 수고하고 봉사하는 사람들에게만 필요한 것이 아니다. 그리스도인의 신앙생활에서 가장 중요하면서도 가장 많이 참여하는 모임이 바로 예배이기에 그리스도인라면 바른 예배를 위한 교육과 훈련이 반드시 필요하다. 교회는 함께 모여서 예배하는 예배 공동체임과 동시에 온전한 예배자를 세우고 훈련하는 훈련 공동체이다.

다양한 형태의 교육

언젠가 한 대형 교회에서 열린 예배 컨퍼런스에 참석하며 놀란 것은 그 세미나가 비단 사역자들만을 위한 것이 아니라는 점이다. 외부 교회들의 목회자들과 예배 관련 사역자들 외에도 컨퍼런스를 주최하는 교회의 성도들이 많이 참석했었다. 그런 예배 컨퍼런스를 운영할 수 있는 교회의 규모나 목회철학이 있는 것이 부럽기도 했지만, 더 부러웠던 것은 그 교회가 예배 컨퍼런스를 통해 교회 내 성도들을 훈련하는 것이었다.

교회 내의 모든 성도를 위한 예배 훈련이 꼭 필요하다. 예배에 대해서 아는 만큼 예배를 잘 드릴 수 있기 때문이다. 예배에서 무엇이 중요하며, 무엇을 목적으로 하고, 어느 부분에 힘을 빼거나 써야 하는지를 배우면서 하나님이 기뻐하시는 예배를 잘 세워 갈 수 있는 것이다. 무엇보다 바른 예배를 드릴 때 하나님께서 기뻐하신다. 자칫하면 참여자들 개인의 만족과 복을 위한 예배로 전락하거나 비성경적이고 비신학적인 요소가 예배에 잘못 자리 잡을 위험성이 늘 있다. 그러므로 모든 성도를 대상으로 하는 예배 교육으로 바른 예배와 문화를 세워 나가는 것이 꼭 필요하다.

예배 교육은 다양한 형태로 운영할 수 있다. 첫 번째 방법은 주일 오후나 주중에 모든 성도들을 대상으로 하는 예배 컨퍼런스를 여는 것이다. 하루 또는 며칠 동안 진행할 수 있다. 일반적으로 교회들이 가지는 말씀 사경회나 수련회를 예배 컨퍼런스로 대체하는 것이다. 하지만 이런 경우 주일 오후나 주중에 시간 내기가 어려운 사람은 참여하기 힘들다.

두 번째 방법은 이런 단점을 감안하여 주일 오전 예배를 예배 시리

즈로 주제를 잡아서 좀 더 예배에 초점을 맞추는 것이다. 나는 유학을 마치고 귀국한 후에 한 지역 교회에서 예배 관련 설교를 한 적이 있었는데, 그 교회는 한 달 동안 주일예배를 예배 컨퍼런스 형식으로 개최하는 중이었다. 주일예배와 동일하게 진행하지만 설교의 내용과 예배 후 나눔 및 행사들을 예배에 초점을 두고 진행하는 것이다.

세 번째 방법은 특별한 행사를 따로 여는 것이 아니라 예배 중에 주기적으로 예배에 관련한 설교와 교육을 담아내는 것이다. 교회 비전과 목회철학을 설교에 반영하여 나누는 것처럼 주기적으로 예배에 관련한 설교로 모든 회중에게 예배 교육을 하여 좋은 예배자로 훈련하는 것이다.

다양한 섬김으로 예배할 수 있다

마지막으로 한 가지 더 실험적인 제안을 하자면, 많은 사람이 직접 예배를 돕고 섬기는 일을 해 보도록 하는 것이다. 찬양팀 외에도 예배를 섬기는 많은 자리가 있다. 대표기도, 성가대, 헌금 위원, 안내, 새가족부, 새가족 도우미, 주차 안내, 방송실 등 예배를 위해서 돕고 섬기는 일들이 다양하다. 대부분 성도들은 한 가지 사역을 시작하면 계속 그 일만 하는 경우가 많다. 몇몇 섬김은 특별한 자격 요건이나 기능적 능력이 요구되기 때문도 그렇지만, 많은 경우 사람과의 관계나 섬기는 일에 대한 익숙함 때문에 자리를 잘 바꾸지 않는 것 같다.

하지만 건강하고 능동적인 예배 참여를 위해서 다양한 섬김을 경험할 수 있는 교회 시스템과 문화를 만들어 가기를 추천한다. 모든 회중이 일정 기간 다양한 섬김의 일들을 해 보면 다양한 섬김과 모습으로 하나님을 예배할 수 있고, 그로 인해 어느 정도의 긴장감을 가지고 예배함으로 안일하지 않을 수 있고, 예배와 섬김을 위해서 더 기도하고 마음을 쓸 수밖에 없다.

예배 목적에서 벗어나지 말라

하나님은 예배에 믿음으로 나온 자들에게 사랑과 은혜를 베푸시고, 하나님 나라 백성으로서 정체성을 굳건케 하는 복을 주신다. 이때 예배자는 복음 안에서 인생의 이정표를 제시받고 어떤 장애물이 있을지라도 능히 부르심의 길을 걸어갈 수 있는 자신감을 얻는다. 이는 회중이 예배에서 하나님과의 인격적인 만남을 가질 때에만 가능하다. 예배의 핵심은 하나님과 회중의 관계에 있다. 하나님은 이 관계를 새 언약 되시는 예수 그리스도 안에서 가능케 하셨다. 그러므로 예배에서 이 언약 관계보다 중요한 것은 없다. 물론 예배에는 여러 순서가 있으며 고려해야 할 부분들이 많이 있지만 이 예배의 목적에서 벗어난 것들이라면 의미가 없다. 예배 순서를 사람들의 감동을 위한 것으로 채운다면, 온전한 예배에서 벗어날 수밖에 없다.

교회는 회중의 진정한 예배를 늘 고려하여 기획하고 준비해야 한다. 또 회중의 온전한 예배를 위해서 교육하고 훈련하는 일에도 힘을 써야 한다. 회중들이 예배 안에서 하나님과의 관계 회복, 믿음의 인생으로 방향을 정할 수 있도록 돕고 섬기는 것은 교회의 중요한 기능이기 때문이다. 회중이 예배가 무엇이며, 예배에서 무엇을 기대할 수 있으며, 어떤 자세와 마음이 필요한지를 잘 배우고 훈련받을 수 있도록 해야 한다.

우리는 예배자입니다

　미국에서 예배학을 공부하고 귀국한 이후 선교단체의 캠퍼스에서 설교와 강의로 학생들을 지도하는 사역을 하고 있다. 사역 현장에서 복음을 나누고, 삶을 지도하고 살아가는 사역 자체가 예배학의 목적이기는 하지만, 예배학을 공부하고도 제대로 나눌 수 있는 기회가 없어 아쉬움이 늘 마음 한편에 있었다. 예배학을 전문적으로 공부할 수 있었던 것은 내게 생각지 못한 은혜였고 특별한 기회였다. 하나님과 주위 분들의 사랑에 힘입어 공부하였기에 한국교회에 빚진 마음으로 공부한 것을 나누려 했지만, 기회를 얻지 못하다가 이제야 책을 통해서 조금이나 나눌 수 있게 되어서 기쁘다.

　팬데믹 기간이 지속되면서 예배에 대한 시대적 고민들과 갈증이 커졌고, 그 상황이 나로 하여금 예배에 관한 글을 쓰도록 이끌었다. 공부하고 사역하는 가운데 고민했던 주제들을 하나씩 짧게 써 보았는데, 오히려 글을 쓰는 나에게 공부가 되고 힘이 되는 시간이었다. 고민하던 내용들을 정리해 보고, 앞으로 고민해야 할 숙제들도 발견하게 되어서 감사하다.

다양한 주제들을 다루다 보니 읽는 독자가 책의 주제를 일목요연하게 이해하기 어려울 수도 있어서, 이 책에서 놓치지 않아야 할 주요 내용들을 몇 가지 정리하며 마무리하려고 한다.

첫째, 예배는 하나님을 위한 것이다. 사람들이 흔히 말하는 것처럼 예배는 하나님을 찬양하고 영화롭게 하는 것이다. 어느 순간 예배가 회중의 만족과 감동이 중요한 목적이 된 것 같은 착각을 일으키고 있다. 말로는 하나님을 위한, 마음으로는 나를 위한 예배가 아니라 정말 하나님을 위한 예배가 되어야 한다. 예배의 구성이나 예배자인 회중의 마음과 태도가 달라져야 한다.

둘째, 예배는 예배자를 위한 것이기도 하다. 단지 은혜를 받는 정도의 수준을 말하는 것이 아니다. 죄인 된 우리는 전적으로 의에 대하여 무능할뿐 아니라 세상을 제대로 살아갈 지혜도 없다. 하나님은 복음 안에서 그런 우리에게 참 생명과 진리의 길을 제시하여 주신다. 예배자는 예배를 통해 하나님 안에서 변화를 경험한다. 하나님의 사람으로 인생의 방향 전환을 하며, 위로 가운데 회복을 얻으며, 믿음에 따른 인생 지도를 만들고, 또한 그대로 살아갈 힘와 용기를 얻는다.

셋째, 예배는 예배자가 훈련되는 곳이다. 예배는 매번 반복되어 드려지는 것 이상의 의미가 있다. 계속되는 예배에서 회중은 하나님의 사람으로 형성된다. 예배의 모든 순서들이 리듬이 되어 회중으로 하여금 삶의 예배자가 되도록 훈련한다. 또한 예배에서 배우는 복음은 회중으로 하여금 참된 진리의 삶을 알게 하고 그 삶의 지도를 만들 수 있도록 한다.

넷째, 예배는 공동체와 함께 드려진다. 교회라는 신앙 공동체 안에서 회중은 함께 예배하고, 함께 하나님의 사람으로 형성되어진다. 바른 복음을 가르치고 지도하는 목회자가, 함께 격려하고 믿음의 길을 걸어가도록 돕는 동역자가, 지속적이고 안정되게 하나님을 예배할 수 있는 공동체가 있는 곳이 교회이다. 다양한 시대적 상황 속에서도 교회는 온전한 예배로 하나님을 예배하되 특수한 상황에서는 시의적절한 방법으로 지혜롭게 대처해야 한다. 또한 예배자들이 신앙 공동체에서 온전히 예배하는 것과 더불어 온전한 예배자가 되도록 훈련하고 도와야 할 것이다.

나는 이 책이 예배와 관련한 모든 질문에 정답을 주는 책이 아니라 독자가 계속 고민하며 답을 찾아가는 데 도움이 되는 안내서가 되었으면 좋겠다. 목회자, 예배 섬김이, 찬양팀, 회중인 성도 각자가 읽기도

하고, 팀이나 그룹 단위로 함께 읽으며 예배에 대하여 고민하고 건강한 예배자로 세워지기를 바란다. 우리는 예배자다.

참고문헌

김의작(1981). 교회음악학. 서울총신대출판부.
문화랑(2020). 예배학 지도 그리기. 이레서원.
송인규(2003). 아는 만큼 누리는 예배. 홍성사.
이유선(1998). 기독교음악사. 기독교문사.
정장복(1999). 예배학 개론. 예배와설교아카데미.
주종훈(2015). 예배 역사에서 배우다. 세움북스.
지용근 외(2022). 한국교회 트렌드 2023. 규장.
최홍석(1998). 교회론. 솔로몬.
홍정수(1988). 교회음악개론. 장로회신학대학출판부.

데이비드 피터슨(2011). 성경신학적 관점으로 본 예배신학. 김석원 역. 부흥과개혁사.
루이스 벌코프(2004). 조직신학. 권수경 역. CH북스.
로버트 웨버(2011). 예배학. 이승진 역. 기독교문서선교회.
리차드 미들톤과 브라이안 왈쉬(1987). 그리스도인의 비전. 황영철 역. IVP.
배리 존스(2016). Dwell. 전의우 역. 성서유니온.
빌리암 나아겔(2006). 그리스도교 예배의 역사. 박근원 역. 대한기독교서회.
존 스토트(2011). 현대 사회 문제와 그리스도인의 책임. 정옥배 역. IVP.
제임스 스미스(2019). 왕을 기다리며. 박세혁 역. IVP.
제임스 스미스(2016). 하나님 나라를 욕망하라. 박세혁 역. IVP.
팀 켈러(2016). 센터처치. 오종향 역. 두란노.

Branson, Mark Lau. & Martinez, Juan F (2011). Churches, Cultures & Leadership. InterVaristy Press.

Goll, Jim W (2004). The Seer: The Prophetic Power of Visions, Dreams, and Open Heavens. Destiny Image.

Maxwell, William D (1939). An Outline of Christian Worship. Oxford University Press. 1939.

McLean, T. B (1999). New Harmonies: Choosing Contemporary Music for Worship. Alban Institue.

NcNeal, Reggie (2009). The Present Future. Jossey-Bass.

Redman, Robb (2002). the Great Worship Awakening, Josssey-Bass.

Ross, Allen P (2006). Recalling the Hope of Glory. Kregel Publications.

Thompson, Bard (1980). Liturgies of the Western Church. Augsburg Fortress Publlishers.

Towns, Elmer L. and Whaley, Vernon M (2012). Worship through the Ages. kindle version. B & H Academic.

Choi, Kihun (2014). 21st Century Evangelistic Worship Strategy for the Emergent Generation in South Korea. Liberty University.

정승원(2012). "청교도와 한국장로교회의 성찬 실행 횟수에 대한 신학적 고찰". 성경과 신학. 제63호.